青少年
－社交心理学－

乐庆辉 ◎ 著

2019年·北京

图书在版编目(CIP)数据

青少年社交心理学 / 乐庆辉著 . -- 北京：当代中国出版社，2019.6
ISBN 978-7-5154-0922-1

Ⅰ . ①青… Ⅱ . ①乐… Ⅲ . ①青少年—心理交往—社会心理学 Ⅳ . ① C912.11

中国版本图书馆 CIP 数据核字（2019）第 080726 号

出 版 人	曹宏举
策划编辑	陈　莎
策划支持	华夏智库·张　杰
责任编辑	陈　莎
责任校对	康　莹
出版统筹	周海霞
封面设计	尚世视觉
出版发行	当代中国出版社
地　　址	北京市地安门西大街旌勇里 8 号
网　　址	http://www.ddzg.net　邮箱：ddzgcbs@sina.com
邮政编码	100009
编 辑 部	（010）66572264　66572154　66572132　66572180
市 场 部	（010）66572281　66572161　66572157　83221785
印　　刷	三河市兴达印务有限公司
开　　本	710 毫米 ×1000 毫米　1/16
印　　张	16.5 印张　248 千字
版　　次	2019 年 6 月第 1 版
印　　次	2019 年 6 月第 1 次印刷
定　　价	48.00 元

版权所有，翻版必究；如有印装质量问题，请拨打（010）66572159 转出版部。

序言

"武夷六月做茶忙，远朋到访莫嫌乱。"正值武夷山做茶最忙的时节，友人携全家到访，心生欢喜，又恐招待不周，心情很是忐忑。特别是好友又带上七岁的小男孩子康，更是怕孩子上蹿下跳的不好招呼，坏了"规矩"而让友人不快。然而，令我始料不及的是张子康小朋友，不但是"小帅哥"一枚，且知书、明理、达礼，还不失童趣与小幽默，我是真的喜欢上了这个"小大人"。古人云："三岁看小，七岁看老。"虽然我没有更多的时间去考究小子康的家庭环境和教育背景，也无暇去追寻他心中的故事抑或梦想，但是，我完全可以断定："此子，前途无量矣！"由此，我对《青少年社交心理学》的出版，平添了一种使命感和责任感，犹恐没有写好这本书而误导了孩子们，那我就"犯罪了"。带着这种"恐惧感"，我努力地寻求"客观与完美"，希望它能对家长和孩子们有所帮助，我便能收获"欣慰"了。

细细思量，我们很多人都是不小心做了父母，甚至是一时冲动做了父母，因此，当我们一旦为人父、为人母的时候，突然发现有一堂"父母课"从来就没有上过。也就在这种懵懵懂懂中培养出一群"听话"的孩子，而不是"懂事"的孩子；一群"聪明"的孩子，而不是"智慧"的孩子；一群为"分数而生""考证而存"的孩子，而不是"知书达礼""感恩惜福"的孩子。"可怜天下父母心"已然成为当今社会父母的仰天长叹，抑或啼声不止。作为父母，如何去补上这一课呢？亡羊补牢还来得及吗？父母是孩子的第一任老师，如果父母自己都没有做好，又如何做好老师呢？

我曾经无数次在"父母大讲堂"上提过三个问题："一是你的孩子可以考零分，但一定要身体健康，你同意吗？二是你的孩子可以考零分，但一定要心理健康，你同意吗？三是你的孩子可以考零分，但一定要懂规矩，你同意吗？"当这三个问题一提出，课堂上的所有父母都表示完全同意。其实，这三个问题综合反映出，所有的父母都希望自己的孩子是一个生理健康、心理健康、知法懂礼的人。"望子成龙"是每一位父母的愿望。父母都希望把孩子培养成人才。什么叫"人才"？这是一个顺序问题，是告诉我们先培养"成人"，后培养"成才"。人，是什么？人和动物最大的区别又是什么？其实就是一个"礼"，人是"发乎情，止乎礼"，动物却停留在"发乎情"的阶段。

"发乎情，止乎礼"道出的正是克己复礼，以"礼"入世，以"情"出世的一种人生态度。良好的社交是一种能力，不但展示人与人相处时的沟通能力，更是展示人与人相处时从情感交流到互相欣赏、互相包容、互相谅解的能力，这种能力叫作"礼"。

子曰："不知命，无以为君子也。不知礼，无以立也。不知言，无以知人也。"先贤之言，当铭记于心。

是为《序言》。

2018年9月1日写于

武夷山 兴贤书院

乐庆辉

目 录

第一章 彬彬有礼，让青少年风度翩翩变身社交达人 / 1

　　好形象，从"头"做起 / 2

　　站如松，坐如钟，行如风 / 5

　　有理不在声高，轻声细语展现修养 / 8

　　日常礼仪要掌握，待人接物不失礼 / 10

　　礼仪细节要关注，人生成长更从容 / 13

　　民以食为天，不可不知的餐桌礼仪 / 16

　　养成规矩意识，遵守规矩构建社会秩序 / 19

第二章 内外兼修，让青少年建立良好人际关系 / 23

　　戒骄戒躁，青少年不当"火药桶" / 24

　　不穿奇装异服，让人一眼看去赏心悦目 / 27

　　不卑不亢，才是真正的落落大方 / 31

　　设身处地为他人着想，给他人愉悦的感受 / 34

　　让笑容成为你最好的通行证 / 38

第三章 学会沟通，让青少年在人际交往中游刃有余 / 41

　　尊重与平等，是沟通的基本前提 / 42

　　学会倾听，才能有效沟通 / 45

　　不把话说满，给自己留退路 / 48

　　组织好语言，让表述井井有条 / 51

　　换位思考，把话说到他人心里去 / 54

　　幽默，是语言的调味料 / 57

给他人机会表达 / 61

第四章 巧妙说服，让青少年在社交中如愿以偿 / 65

说服他人，要动之以情晓之以理 / 66

不要强迫他人接受你的观点 / 69

说服要根据对象因人而异 / 72

借助权威增强说服力 / 76

利用从众心理说服他人 / 79

第五章 开疆拓土——成长不孤独，青少年要主动结识新朋友 / 83

找准话题，学会与陌生人搭讪 / 84

结识生命中的贵人，拓展人脉资源 / 87

以兴趣作为友谊的红娘 / 89

掌握友谊的正确打开方式，避免产生误解 / 92

让他人拥有优越感 / 95

以亲和力打开他人心扉 / 98

第六章 以恕己之心恕人，才能给朋友更宽容的相处空间 / 101

宽容他人，就是宽宥自己 / 102

学会遗忘，不要总是牢记他人的过错 / 105

不斤斤计较，才能得到更多快乐 / 108

宰相肚里能撑船，想得开是一种福气 / 111

赠人玫瑰、手有余香，要乐于对朋友付出 / 114

第七章 全力以赴打造魅力少年，让生命与友谊共同绽放 / 117

自信男孩的生活就像打游戏开挂，必然活力无限 / 118

男孩要热情，就像一把火燃烧你我 / 121

爱运动的男孩，就像行走的荷尔蒙 / 124

不畏流言蜚语，迎难而上的男孩非常酷 / 127

女孩要以柔克刚，展现自身魅力 / 130

有些原则，是不能轻易放弃的 / 133

谦让的女孩，拥有以退为进的力量 / 135

难得糊涂，难得假装糊涂 / 138

第八章 细节决定成败，青少年以完美细节打造社交形象 / 141

拥有绅士风度的男孩更会照顾女孩 / 142

心细如发的女孩占据主动 / 145

满足他人的细小需求，打动人心 / 148

因人而异，有的放矢与他人相处 / 151

遭遇尴尬时，主动帮忙打圆场 / 155

赞美他人不为人注意的优点 / 158

第九章 真诚用心与人相处，给他人留下好印象 / 161

知面识人，通过表情洞察人心 / 162

肢体语言是无法掩饰的内心讯号 / 165

维护他人颜面，掌握批评的艺术 / 168

嘴下留情，把话说得和颜悦色 / 172

尊重，是人际交往的基础 / 174

第十章 一屋不扫，何以扫天下？要与身边的人搞好关系 / 177

避免习惯成自然，不把长辈当用人 / 178

心怀感恩，对身边的人充满感激 / 181

感谢父母的辛勤抚育，也许只要一句谢谢 / 184

师恩难忘，不与老师针锋相对 / 188

珍惜同窗情谊，用心与同学相处 / 192

第十一章 青少年的困惑：社交障碍的诸多表现 / 195

大男孩为何总是害羞 / 196

男孩的胆小表现一定有更深的根源 / 199

自卑，让男孩总是畏手畏脚 / 202

社交恐惧，让男孩裹足不前 / 205

女孩，你的名字不是胆怯 / 209

很多事情，根本不值得焦虑 / 212

第十二章 身心健康，才能避免社交冲突，让交际利人利己 / 215

男孩为何会因嫉妒而发狂 / 216

远离"垃圾人"，避免惹祸上身 / 219

当遭遇校园霸凌，青少年如何应对 / 222

当被误解，女孩如何保护好自己 / 225

生命本位教育的缺失，让青少年迷惘 / 228

增强心理承受能力，青少年才能成为强者 / 232

嫉妒是把双刃剑，伤人害己 / 234

第十三章 日益发达的网络与社交退缩之间的关系 / 237

青少年，你为何沉迷于虚拟世界 / 238

网络游戏成瘾，如何消除 / 241

有网瘾的青少年社交退缩现象严重 / 245

社交退缩、网络成瘾与亲子关系 / 248

真正的精彩，是在现实世界里自由翱翔 / 252

后 记 / 255

第一章
彬彬有礼，让青少年风度翩翩变身社交达人

礼貌，是人与人之间相处的润滑剂。常言道，伸手不打笑脸人，当然，人们也不会伸手打一个彬彬有礼的人。作为青少年，要想在社会交往中给他人留下好印象，让自己处处受人欢迎，就要讲礼貌，建立和维持良好的社交关系，成为社交达人。

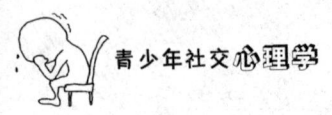

好形象,从"头"做起

巍峨的大山最吸引你的是什么?一定是耸入云霄的山巅。因为山巅代表着山的高度,当我们不遗余力地攀爬到山巅,目之所及带来的一定是心旷神怡的感受。在社会生活中,每个人也恰如高山,以头顶作为自己的最高处,因而很多人都非常重视"头",也愿意从头做起,打造自己的良好形象。

实际上,注意头部卫生,是尊重他人的表现之一,也是彰显自身素质和良好卫生习惯的窗口。一个人如果满头油腻,再顶着满头的头皮屑,一定会招致他人的反感和厌恶。因而,要注意个人卫生,才能给他人留下好印象,也才能表现出对他人的尊重。具体而言,要保持头部卫生,就要勤洗头。尤其是在炎热的夏季,更是要每天洗头。对于头发有些油腻的人而言,还要使用清爽去屑的洗发水,要知道,一头干净芬芳的头发,会让他人对你顿生好感。

乐乐正在读小学五年级,暑假之后,就要升入六年级。对于正处于青春期的乐乐而言,因为荷尔蒙分泌旺盛,再加上爱运动,爱出汗,所以身

上体味很重,头发更是油腻腻的,有的时候还会出现大块的头皮屑。

眼看着就要升入毕业班,妈妈虽然此前没有给乐乐报名参加校外培训班、补习班,此时也无法继续保持淡定,本着给孩子添砖加瓦的目的,妈妈给乐乐报名参加了一对一的数学和英语课程补习班。头一天晚上,乐乐和爸爸去打篮球,到家的时候天色已晚,乐乐没有洗漱就睡下了。次日早晨赶着上课,乐乐也没有时间洗头,就顶着油腻的头发去上课的地方了。结果,一对一上课的地方是一间很小的教室,老师有的时候还和乐乐并肩坐着,头部挨在一起讲解题目。没过多久,老师就皱起眉头,因为乐乐的头发都"馊"了。上完课,老师当即给妈妈发短信:"乐乐妈妈,晚上可以督促孩子洗澡洗头吗?教室太小。"妈妈明白老师的意思,也觉得很不好意思,又向老师解释了原因。晚上,等到乐乐回到家里,妈妈当即和乐乐约法三章:"每天出去运动可以,但是回家之后必须洗澡洗头,否则会把老师熏晕的。"听完妈妈的话,乐乐忍不住笑起来,同时也觉得很羞愧。当天晚上,乐乐又和爸爸打篮球,不过这次回家后他特意用有花香味道的洗发水,把头发洗得干干净净。第二天上课,乐乐明显感觉到,老师不再屏息凝气,而是很愿意与他亲近。

孩子进入青春期,身体的新陈代谢加快,加之大多数孩子都爱运动,爱出汗,导致体味浓重。尤其是头部的汗毛孔非常粗,另外毛囊和汗腺分泌也很密集,所以头部的味道尤其大。作为青少年,一定要注意个人卫生,每天不管多么累,都要把头部清洗干净。

除了注意个人卫生之外,青少年要想打造良好形象,给他人留下好印象,还要注意设计合适的发型。众所周知,每个孩子的身材、脸型和发质

都是不同的。为了更赏心悦目，青少年在渐渐长大之后，也要为自己设计合适的发型。如果不知道自己留什么发型好看，还可以咨询设计师。合适的发型能对人的形象起到良好的装饰作用，也可以让人变得更加精神。反之，一个人即使长得再英俊或者漂亮，如果没有合适的发型，也不能表现出自身优势。

和男孩子相比，长发飘飘的女孩更要注重头部的卫生，也要注意保持良好的发型。大多数男孩子头发短，发型的可塑性没有那么强。但是女孩子不同。她们有的长发飘飘，有的女孩即使头发短，也比男孩的头发长，因而女孩的头发清洁问题更需要做好。此外，头发长，可塑性强，使得女孩的发型多变。当然，对于青春期女孩而言，爱美之心固然人人有之，但应该以学习为重，而不是把爱美放在第一位。发型要端庄大方、清爽怡人，才更有利于女孩的成长和发育。

总而言之，不管是男孩还是女孩，都要在保证卫生的前提下兼顾形象，从"头"做起，建立良好的人际关系，也成功地提升个人素质。

第一章 彬彬有礼，让青少年风度翩翩变身社交达人

站如松，坐如钟，行如风

如今，大多数孩子都是独生子女，从小习惯了父母无微不至的照顾和长辈的精心呵护，因而凡事都依赖父母和长辈。在这样安逸的环境中，孩子的自我管理和控制能力越来越差，还有些孩子学会了看父母和长辈的脸色行事。例如，有的孩子已经读小学六年级，上学的时候还需要长辈帮他们背书包；有的孩子已经读初中，依然不能生活自理，总是要依靠父母或者长辈照顾。不得不说，这样的孩子也许学习很优秀，但是他缺乏生活自理能力，在成长过程中会遇到很多困难和障碍。

军队，一直有着严明的纪律和极高的标准，对于身体姿态方面，要求做到"站如松，坐如钟，行如风"。孩子虽然不是军人，却也应该遵守军队对军人言行举止的要求，这样才能以良好的形象示人。尤其是男孩子，应该培养男子汉的阳刚之气。现实生活中，很多父母比较关心孩子的学习，觉得孩子只要学习好，就可以凡事都不过多要求孩子。殊不知，孩子的成长涉及方方面面，学习成绩好对于孩子而言，只是成长的一个方面。就像一棵大树，只有把根扎稳，才能长成参天大树。如果树根就是倾斜的，那么小树根本无法茁壮成长。孩子也是如此，唯有培养孩子优秀的品质，帮

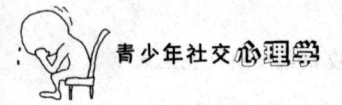

助孩子建立人生的秩序，孩子才能更好地长大成人。

"站如松，坐如钟，行如风"，看似是对孩子举止的要求，其实能够间接地培养孩子作息规律，帮助孩子建立良好的行为习惯，也让孩子以自律严谨的形象示人。做人不但要注重大的方面，也要注重微小的言行细节，这样才能全方位地提升自己的能力和素质，也能有效提升社会交往能力，建立良好的人际关系。

有一天，爸爸带着乐乐去同事家里做客。到了同事家里，乐乐坐得很端正，即使同事的儿子皮皮坐在沙发上歪歪扭扭，乐乐也正襟端坐。看着皮皮坐得松松垮垮、顽皮捣蛋的样子，再看看乐乐坐得那么端正，同事忍不住说："皮皮，你看看乐乐哥哥坐得多么好，你就像没骨头的软面鱼似的，不管走到哪里都歪歪斜斜，能躺着就绝不坐着，能坐着就绝不站着，真不知道你以后该怎么办！"看到爸爸数落自己，皮皮有些不高兴，就带着乐乐去自己的房间里玩去了。

同事问乐乐爸爸："老宋，你是怎么教导乐乐的？孩子教得真好，看着素质就很高。"乐乐爸爸笑起来："其实，乐乐有段时间也和皮皮一样，总想躺着，吃完饭就往沙发上一歪看电视。后来，我就和他约法三章，让他必须坐有坐相，站有站相。但是孩子自制力差，还需要经常提醒，一开始他也很烦，后来发现保持端正的姿态的确能给人好印象，自己也会显得比较有精神，渐渐地也就接受了。为此，我还专门和他做过一个实验，就是和他通电话，分别尝试躺着、歪斜着和正襟危坐且面带笑容的姿态，让他通过电话线感受声音的不同。他这才相信姿态不同，也会影响声音，更何况是当面看到一个人歪歪斜斜呢！后来，他也就有意识地改变，也不反

感我和他妈妈总是提醒他了。"同事情不自禁地对乐乐爸爸竖起大拇指，说："老宋，你可真是教子有方，我也要向你学习，还要让皮皮多和乐乐学习。"

独生子女习惯了被父母娇惯着，所以他们不知不觉间就降低了对自己的要求。然而，作为父母，可以疼爱孩子，却不要放纵溺爱孩子，否则孩子养成不好的行为习惯，对于孩子的成长是没有好处的。事例中乐乐的爸爸非常用心，为了说服乐乐保持端正的姿态，他还专门以不同的姿态打电话给乐乐，让乐乐感受到姿态不同通过电话线传递的声音都会不同。可想而知，如果是亲自面对姿态不同的人，给人的印象是截然不同的。为此，乐乐才能主动接受爸爸妈妈的监督，也积极地调整姿态，最终成为有气质、有素质的优秀男孩。

人是群居动物，每个人都需要和他人相处，也要在人群中生活。尤其是要想成为一个优秀的人，就要让自己的言行举止符合社会的行为规范，从而融入社会人群之中。作为青少年，身体正处于快速的生长发育阶段，也正在养成人生的好习惯和良好的行为举止，就更应该努力规范自己的言行。不管是男孩还是女孩，都要彬彬有礼，保持端正的姿态，才能提振自己的精气神，也给他人留下良好的印象，更有助于人际关系的建立和维护。

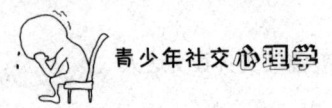

有理不在声高，轻声细语展现修养

在潜意识的影响下，人们在说重要的事情，或者是着急紧张的情况下，说话的声音会情不自禁地提高，这都是"有理声高"的观念在捣乱。实际上，这样的想法是错误的。因为声音高并不能代表有理，从人际交往的角度而言，这反而是没有礼貌的表现。要想展现自身的良好修养，女孩要学会温言细语，让语言如同清泉汩汩流入人心；男孩要学会彬彬有礼，不卑不亢，以适中的声调和礼貌的语气与他人沟通，从而达到良好的沟通效果。

一个人的修养，体现在很多方面，既有大的思想品质方面，也有小的言行举止方面。作为青少年，一定要养成良好的行为习惯，才能在与人相处时有更好的表现，给人留下好印象，也有助于自身建立和维护好人际关系。

周末，乐乐和妈妈一起去超市里买东西，人很多，每个收银台前都排着长长的队伍。乐乐和妈妈也在队伍后面排着，正在这个时候，有位女士拿着东西突然挤到前面去，想要加塞。在乐乐和妈妈前面的是位男士，马上高声喊道："嘿，不要加塞，去后面排队！"女士对于男士的话假装没听见，连头都没回，就继续往前挤。男士走过去，站在女士身后以更大的

声音喊道:"不要加塞,耳朵听不见吗?"女士这才回过头,怒吼男士:"我就一件东西。"男士说:"不管你几件东西,大家都在排队,你加塞还有理了吗?"就这样,男士和女士争吵起来,妈妈正观察着争吵的情况时,没留意到乐乐也走了过去。

乐乐走过去之后,非常有礼貌地说:"您好,阿姨,插队是不对的。如果您觉得自己东西少,或者着急提前结账,至少应该和前面的人打个招呼,我想大家也能理解你的。"乐乐的话虽然声音不大,但是周围的顾客都为乐乐竖起大拇指,说:"这个孩子很明白事理,也非常有礼貌。要是这样的劝说都没有效果,那可真的没救了。"女士难以面对众人指责,只好乖乖地去排队了。

男士阻止女士加塞的行为是对的,不过也许因为男士的声调过高,所以导致原本就理亏的女士恼羞成怒,非但没有认识到自身的错误,反而与男士争执起来。在这种情况下,如果争吵升级,后果就会很严重。乐乐的做法很对,他尊称该女士为阿姨,并以温和的态度为女士指出错误,在这种情况下,如果女士继续插队,不愿意听从劝阻,就会招来众人的指责。为此,女士迫于压力,只好去队尾处排队,也由此避免了矛盾的升级和扩大。

常言道,有理不在声高。很多人误以为没理的人就该遭到厉声训斥,殊不知,当吵闹升级,只能说明有理的人素质也不高。尊重,永远是人际交往的基础和前提条件,如果没有尊重,则人际关系根本无法继续维护下去。作为理性的人,一定要先尊重他人,才能得到他人的尊重。青少年正处于身心快速发展的时期,也常常因为各种原因导致情绪激动。在遇到看似不公平的事情时,一定要先控制好自身的情绪,对待他人不卑不亢,才能让事情得到圆满解决,而不至于事与愿违。

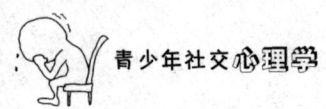

日常礼仪要掌握，待人接物不失礼

作为青少年，虽然刚刚走上独立社交的道路，却也要掌握日常礼仪，这样才能在待人接物方面做得更好，也能给他人留下良好的印象。很多父母在平常生活中，总是肩负起接待客人的重任，而完全忽略了对孩子礼貌待人好习惯的培养。实际上，良好的待人接物习惯，应该从孩子小时候就开始培养。例如，当家里来客人的时候，孩子也是家庭的一员，切勿让孩子留在自己的房间里自顾自地玩耍，而应该在客人到来的时候迎接客人，向客人问好，然后再去做其他事情。在客人要离开的时候，孩子还应该和父母一起送别客人。这样一来，在日久天长的练习和实际操作中，孩子就会越来越懂得如何待人接物。

要培养自身良好的礼貌习惯，除了按照父母的教导做好各种事情之外，孩子还应该有意识地学习礼貌。毕竟父母因为自身的教育经历、生活习惯、礼貌观念的限制，也未必能够把礼貌做得面面俱到。在这种情况下，孩子可以自主地学习礼貌知识，除了掌握日常基本的礼仪之外，也有意识地提升自己的礼貌素养。此外，随着国门的打开，孩子很有可能需要与国际友人相处，也可以学习一些西方礼仪，这样在与国际友人相处时，才能做到

第一章 彬彬有礼，让青少年风度翩翩变身社交达人

有礼有节。总而言之，礼貌需要注意的方面很多，从生活经验中得到礼貌的启示很重要，如今也有各种各样关于礼貌的书籍能提供给孩子自主学习。常言道，伸手不打笑脸人，这里所谓的笑脸人其实就是指有礼貌的人。对于孩子而言，唯有最大限度地提升自身的素质，让自己养成良好的礼貌习惯，在人际交往中才能占据主动，也能凭借礼貌赢得他人更大的尊重。

随着皮皮渐渐长大，爸爸发现皮皮越来越不懂礼貌。这个周末，爸爸因为要加班，就把皮皮也带到单位里。到了单位，皮皮看到爸爸同一个办公室的同事，连头也不抬，招呼也不打，就自己半躺到沙发上开始玩游戏。爸爸对皮皮说："皮皮，快问叔叔好。"皮皮这才极其不情愿地问道："叔叔好。"看着皮皮小家子气的样子，爸爸觉得很尴尬。

爸爸想不明白皮皮为何这么不懂礼貌，为此，也几次三番教育皮皮，但是效果都不好。后来，爸爸发现这是因为皮皮没有养成良好的礼貌习惯。原来，每次家里来人，他们从来不让皮皮出来。意识到这个问题之后，爸爸妈妈马上调整策略，以后不管家里来什么人，都会让皮皮出来见客人，也在客人离开的时候，要求皮皮出来送客人。皮皮呢，通过爸爸妈妈的教诲，也通过阅读一些关于礼貌的书，意识到自己要想拥有好人缘、走到哪里都受人欢迎，就必须更加礼貌地对待他人。为此，皮皮虽然不好意思和别人问好，却也逼着自己必须变得更加大方，主动问候他人。随着一段时间的练习，皮皮在礼仪方面做得越来越好，爸爸再也不担心皮皮的礼貌问题了。

青少年都处于半大不小的年纪，一定要懂得礼貌待人，这样才能在待人接物方面做得更好，也才能让自己拥有好人缘。其实，对于年纪比较小

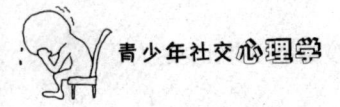

的孩子，也是要求其养成礼貌习惯的，更何况是已经长大的青少年！

礼貌是人际相处的润滑剂，也是打开陌生人心扉的敲门砖。青少年一定要懂得礼貌，并把礼貌切实运用到社会交往中，才能提升自己的社交素质，有效地拓展人脉关系，丰富人脉资源。青少年喜欢在同龄人之中寻求友谊，就更要懂礼貌，以真诚友善为自己赢得好人缘。此外，在遇到不同的交往对象时，青少年还应该因人而异，根据交往对象的年龄、性别、身份、地位等的不同，给予交往对象友好的对待。

礼仪细节要关注，人生成长更从容

新生命从呱呱坠地开始，就得到父母的照顾，也在父母的陪伴下健康成长。然而，孩子总要长大，随着时间的流逝，曾经在襁褓中的婴儿已经变成了小小少年。俗话说，半大小子，气死老子。实际上，孩子并非生而与父母作对，父母要对孩子更加悉心引导，才能更好地与孩子相处，也才能给孩子树立榜样，让孩子懂得怎样才能有礼貌地对待他人。

说到礼貌，很多人马上想到"请""谢谢""对不起"等基本的礼貌用语，不得不说，这些礼貌用语只能满足最基本的礼貌要求。当人际关系越来越深入，彼此之间了解更多、交情更深时，只使用这些礼貌用语是远远不够的，还要关注礼仪的细节。礼貌不但能够促进陌生人之间的关系融洽，也可以让熟悉的人感到非常舒服。这是因为人人都喜欢被礼貌地对待，而不喜欢被粗俗无礼地对待。尤其是在那些正式的场合，注意礼貌的细节，更能够彰显自身的素质和涵养。

最近，乐乐经常跟着爸爸出席各种场合，越来越懂得礼仪。这不，恰逢周末，乐乐还跟着爸爸一起去参加公司的年会呢！年会采取自助餐的形

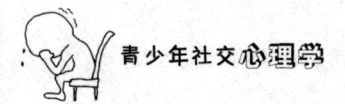

式,主要是为了方便大家在开完会之后聊一聊,相互沟通。乐乐跟在爸爸身边,就像一个真正的绅士一样,非常有礼貌,得到了很多人的赞许。

  年会中,爸爸遇到了曾经提拔他的顶头上司,马上与对方攀谈起来。在爸爸与前上司攀谈的过程中,乐乐一直面带微笑站在旁边倾听。看着彬彬有礼的乐乐,前上司问:"这个孩子是你家的?"爸爸点点头,乐乐向爸爸前上司问好:"伯伯好!"前上司很高兴,还逗着乐乐说了好几句话呢!后来,爸爸给前上司敬酒,前上司说:"来吧,小家伙,咱们仨!"乐乐当即举起酒杯,与前上司伯伯干杯。看到乐乐的杯子端得比较高,爸爸当即提醒乐乐:"乐乐,在给长辈敬酒的时候,要把杯子端得比长辈的杯子低。"前上司连声说:"小孩子,没关系的。"乐乐马上对爸爸的话心领神会,当即把杯子放得低一些。前上司哈哈大笑起来,对爸爸说:"你这是要培养一个真正的绅士啊!"说完,前上司又转头对乐乐说,"你这个小家伙,真是孺子可教。"就这样,乐乐陪着爸爸一起,和前上司度过了一段愉快的时光。

  从这个事例中,可以看到爸爸对于乐乐的礼仪教养是无处不在的。乐乐呢,也知道礼仪的重要性,更是从很多次人际交往中获益,所以也很积极主动地接受爸爸的教导。对于青少年的礼仪培养,父母和青少年都要非常努力,不但要注重基本的礼仪,也要尽力把礼仪的细节做好,这样才能全面地提升自身的礼仪素质,也让自己成为懂得礼貌、处处受人欢迎也得到他人认可和尊重的人。

  很多父母对于提升青少年的礼仪素养没有那么重视,总觉得青少年还小,还没有真正长大,所以无须对他们有过高的要求。殊不知,人生中的

第一章 彬彬有礼，让青少年风度翩翩变身社交达人

很多好习惯都是从小培养起来的，否则，一个不懂得礼貌的青少年只会变本加厉，最终成为人人避之不及的粗俗者，自己却毫不自知。人的一生中，大多数人认为只有金钱、物质、学识、能力是资本，却没有意识到发自内心自然而然表现出来的礼仪也是资本。因为是否懂得礼仪，与人际关系是密切相关的，也决定了一个人将会拥有多少朋友和人脉资源。

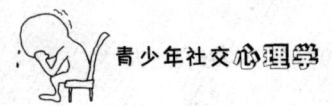

民以食为天,不可不知的餐桌礼仪

中华民族有着悠久的饮食历史,形成了独特的饮食文化。在中国,餐桌绝不仅仅是饱腹的地方,也是表情达意的重要场所。不管是表达对长辈的尊重和孝敬,还是为了求人办事而说些软话,或者是为了与初次见面的陌生人之间建立良好的关系,都可以在餐桌上进行。中国的餐桌文化源远流长,也可以说自古以来,围着或长或方或圆的餐桌,人们进行过很多活动,甚至有的时候只是席地而坐吃简单的野餐,也会在人们的心中产生不一样的情感。

所谓民以食为天,充分告诉我们饮食在生活中是不可或缺的。也因为深厚的饮食文化,使得餐桌礼仪得以盛行。那么,餐桌礼仪具体包括哪些内容呢?小小的餐桌,实际上大有乾坤。

餐桌礼仪第一项,就是入座的礼仪。在正式的就餐场合,要等到长辈入座之后,晚辈才能入座。在入座时,要用双手拿起椅子往后放,然后从左侧入座。很多青少年不知道在餐桌上哪个位置是长者的位置,常常闹出笑话,自顾自坐到上座。不管是方桌还是圆桌,正对着门口的位置是上座,理应留给长辈或者位高权重的人或贵宾落座。

餐桌礼仪第二项，入座之后，先不要急于动筷子，同样要等长辈或者主人动筷子之后，晚辈和客人才能动筷子。这样的主次顺序，是不能打乱的。对于摆放在自己面前的菜，可以在靠近自己的盘沿夹菜，而不要把筷子伸到盘子的对面去夹菜，更不要在盘子里挑挑拣拣自己喜欢吃的东西。对于摆放位置距离自己比较远的菜，则可以少吃一些，从而避免总是要伸长胳膊越过整个桌子去夹菜。如今带有转盘的圆桌很好地解决了这个问题，不过还是要避免频繁地转动转盘，以免给他人带来不便。在转动转盘之前，还要观察是否有人正在夹菜，如果有，就要等到别人夹完菜之后再转动转盘，否则会让人心生反感。需要注意的是，即使是自己喜欢吃且摆放在面前的菜品，也不要自顾自地吃，毕竟桌子上的每道菜都是给所有人品尝的，要顾及他人。

餐桌礼仪第三项，在餐桌上不要发出异常的响声，如擤鼻涕、咳嗽等，一定要离开餐桌去洗漱间进行。当情不自禁发出响声的时候，如打嗝，就要及时道歉，以"不好意思""对不起"等来缓解大家的尴尬。此外，喝汤的时候也要借助汤勺，把汤舀入自己的嘴巴里，而不要就着盘碗喝汤，避免发出难听的响声。

餐桌礼仪第四项，不要用自己的筷子给他人夹菜，可以用公筷给长辈或者客人夹菜，也可以把圆桌上的菜品转到长辈或者客人面前，让他们自己夹菜。当餐桌上每次新上来一个菜，都要转动到长辈或者客人面前，让他们优先品尝，看起来这些都是不起眼的细节，却会给他人带来完全不同的感受。

餐桌礼仪第五项，当需要吐骨头等异物的时候，不要用嘴巴直接吐出来，而是要用手拿出来，放到盘子里或者是铺开的餐巾纸上。如果吐出来

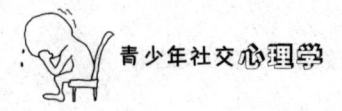

的东西不是干净的骨头,也可以用餐巾纸捂住嘴巴,从而直接把嘴巴里的东西吐到餐巾纸里包起来。用脏的纸巾要丢到垃圾桶里,不要留在桌子上,避免给他人带来不好的感觉。

餐桌礼仪第六项,在中国,餐桌不仅仅是吃饭的地方,也是沟通感情的地方,即使美食非常符合你的口味,也不要一味地闷头大吃,而是要边吃饭边与身边的人沟通几句,调节气氛,在长辈或者主人说话的时候,还要看着他们的眼睛,从而表示尊重和关注。

餐桌礼仪第七项,在离开餐桌的时候,同样要等长辈或者主人离开后再离开。如果一定要先离开,也要对他们说些道歉的话表示礼貌,再行离开。

当然,餐桌礼仪绝不只有这些,针对不同的就餐对象,还有很多需要注意的细节。青少年在关注基本餐桌礼仪的基础上,还应该关注更多的用餐细节,才能让自己在餐桌上有更好的表现,也能够以优雅的用餐行为赢得他人的好感。

吃是人的本能之一,所以在餐桌上,人们总是会看到众生百态。要想提升自己的礼貌和涵养,青少年就一定要掌握就餐礼仪,不管是饿还是不饿,都要保持良好的用餐习惯,也要在满足自身食欲的同时,更好地与他人建立关系。当然,如果青少年作为主人参加用餐,那么就要细心地照顾好客人,尤其是和自己年纪相仿的小客人。当青少年恰到好处地肩负起小主人的责任时,一定会让人刮目相看!

养成规矩意识，遵守规矩构建社会秩序

前几年发生的北京野生动物园老虎伤人事件，之后没过多久，又有男子进入虎山被老虎伤害的事件发生。这让人们不由得沉思：这类事件中，最无辜且可悲的是谁？老虎原本就是山林里的大王，非常凶残，是因为人类将其禁锢在动物园里，限制了它的野性，从而改变了它的生活习性。但是，老虎的本能没有改变。在野生动物园里，当事人在距离老虎不远的地方，当着老虎的面公然从车里下来交换座位，激发出老虎的野性，使得老虎变得嗜血凶残。然而，老虎是无辜的，因为老虎并没有做逾越规矩的事情，不守规矩的反而是人。不得不说，事件的当事人对于生命没有敬畏之心，所以才会导致命丧虎口。假如他们知道什么叫作害怕，也知道什么叫作恐惧，那么完全可以行驶到安全的地方再交换座位，也就不会刺激老虎兽性大发。第二个事件更让人觉得无语，当事人为了逃票，翻墙进入动物园，结果不幸跌入虎山，同样成为老虎的猎物。事件发生后，有人觉得农民工收入低，所以才为了节省门票钱翻墙进入动物园。也有人对此持有不同的观点，那就是规矩就是规矩，任何人不得以任何理由无视规矩。去动物园并非不可避免的消费，因而是否翻墙进入动物园也就成为人为的选择。

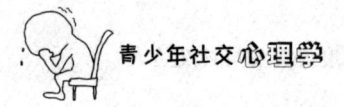

这样的悲剧一再发生，再次敲响遵守规矩的警钟。

什么叫规矩？就是特定的人类群体中，每个人都要遵守的言行举止的规则。在特定的人群中，规矩对于每个人都应该是平等的，不需要有例外。作为青少年，一定要从小就养成遵守规矩的好习惯，否则千里之堤毁于蚁穴，如果有一次尝到不守规矩的甜头，日后就会变本加厉，也可能最终导致严重的后果发生。从利益的角度来看，也许最初不守规矩不会受到惩罚，反而还会得到额外的利益，但是日久天长，不守规矩就会酿成恶果，也会导致事情朝着不可预期的方向发展。

很多父母对于青少年是否遵守规矩并不在意，有的时候，他们为了省事，还会怂恿青少年以年纪小为由不遵守规矩。不得不说，这样的父母就是在害孩子，这样的纵容对于孩子的成长没有任何好处。明智的父母绝不因为任何理由而放纵孩子，相反，他们会始终严格约束孩子，也会让孩子知道哪些规矩是必须遵守的。唯有符合社会生活的秩序，孩子们才能更和谐地融入人群，也才能实现和证明自身的价值，从而得到更多人的尊重和认可。否则，一个不守规矩的人只会招致他人的厌恶，导致人际关系陷入困境。

有一个周末，妈妈和乐乐一起去商场里购物。在乘坐电梯的时候，妈妈上了电梯之后靠着右边站立，乐乐上了电梯之后上了两个台阶，和妈妈并肩站立。看到乐乐站立的位置，妈妈对乐乐说："乐乐，你可以去我前面站着。"乐乐不解："妈妈，我为何要去你的前面站着？"妈妈笑着说："你认真观察下，电梯附近是否经常有标语提醒，让人们靠着右边站立？"乐乐说："没有发现，但是，为什么要靠右站立呢？"妈妈告诉乐乐："很

多人在乘坐电梯的时候,常常会因为有急事,所以要快速通过电梯。如果大家都随便站立,导致电梯通道拥堵,那么着急的人就无法快速通过电梯。因而乘坐电梯的时候,要靠着右边站立,而把左边留出来给着急的人通行。"乐乐恍然大悟。

此后乘坐电梯的时候,乐乐也总是自觉地靠着右边站立。果然,他发现电梯左侧常常有着急的人,一步好几个台阶地上下电梯。有的时候,他自己因为某些事情着急,也会三步并作两步地通过电梯。

在这个事例中,乐乐一开始不知道在电梯上为何要靠右站立,因而总是随便站在一个地方,无意间就挡住了通道。后来,在妈妈的提醒下,乐乐意识到问题的严重性,因而也模仿妈妈的样子靠着电梯右侧站立,把左侧留给需要的人通行。

现实生活中,有很多虽然小但是非常实用的规矩,对于维护整个社会的秩序起到积极有效的作用。例如,不在公众场所大声喧哗,这其实不仅是为了还给别人安静的环境,也可以彰显出我们良好的素质。再如,不要在排队的地方随便插队,也不要在排队的时候跟别人贴得太近。当然,这些都是生活中约定俗成的规矩。另外,在进入特殊的经营场所时,我们还要学会遵守经营场所制定的规矩。例如,驾驶自驾车在野生动物园里穿行的时候,一定不要打开车门,否则付出的将会是生命的代价;在加油站加油的时候,手机响起,不要随便接听手机,因为手机的信号对于加油站是危险因素,很可能引起严重的后果。如果不守规矩不但会危害自己的性命,也会对他人造成严重的危害。

整个社会都是因为有了规矩才变得秩序井然。作为社会的一员,我们

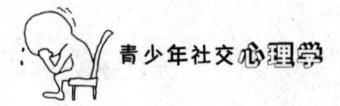

必须遵守规矩,不仅是为了保护自身安全,也是为了让生活更顺利,让每个人拥有更美好的未来。记住,一时不守规矩也许能得到自由,但是这样的自由必将付出惨重的代价。正如人们常说的,这个世界上没有绝对的自由,每个人都是在一定的规矩约束内享受相对的自由。此外,维护社会秩序人人有责,当看到有不遵守规矩的人和事情时,每个人都要挺身而出维护秩序,毕竟营造良好的社会秩序和氛围要靠每个人坚持不懈的努力。

在成长的过程中,作为父母,要有意识地从小培养青少年的规矩意识;作为青少年,也应该积极主动地遵守规矩,从而约束和规范自身的言行,让自己能够符合社会的行为准则。

第二章
内外兼修，
让青少年建立良好人际关系

青少年正处于身心发展的关键时期，不但身体正在快速生长，心理上也渐渐地从稚嫩转向成熟，从人生发展的总体进程来看，青少年正处于从儿童到成人的过渡阶段。经历青少年的特殊叛逆期之后，孩子们渐渐走向成熟。因而，对于青少年而言，一定不要让青涩的青春毁掉自己，而是应该内外兼修，打造最优秀得体的形象、拥有良好稳定的情绪，这样才能建立良好的人际关系。

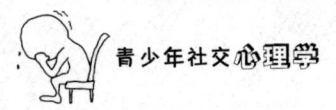

戒骄戒躁，青少年不当"火药桶"

很多青少年会情绪冲动，这是因为正值青春期的他们体内会分泌更多的激素，因而使得情绪不稳定。在这种情况下，有些青少年稍微遇到小小的不如意，就会情绪大爆发，就像一个行走的火药桶一样，动辄就把身边的人炸得人仰马翻，也使自己受到伤害。不得不说，这样的情况对于青少年的成长会起到消极的阻碍作用。

除了情绪冲动之外，还有些青少年会在愤怒、恐惧等极端情绪的影响下，做出过激的举动。这些举动一旦超越正常的界限，就会使得青少年的人际交往陷入被动的状态，甚至使得青少年变成孤家寡人。所以，父母在教育青少年的过程中，要注意疏导青少年的情绪。青少年在成长的过程中，当意识到自己有可能发生过激反应时，要戒骄戒躁，避免成为行走的"火药桶"。

自从进入青春期，小敏成了一个不折不扣的"火药桶"，曾经最喜欢和妈妈聊天的她，如今只要和妈妈聊天，就会马上和妈妈争辩起来。有的

第二章 内外兼修，让青少年建立良好人际关系

时候，妈妈简直觉得自己不认识小敏了。

小敏不但对于妈妈如此，在和同学相处的时候，也会不知不觉间情绪激动，行为冲动，使得与同学的关系也很紧张。有一天，坐在后排的同学在捣鼓钢笔的时候，不小心把墨水弄到小敏的后背上，小敏很生气，当即对着同学歇斯底里地喊道："你为什么总是这样？你不止一次影响我了！况且，钢笔里有墨水难道你不知道吗？非要对着我的后背甩？"同学觉得很委屈："小敏，我不是故意的，而且我也已经再三和你道歉了。"不料，小敏依然不依不饶："不是故意的又怎么样？结果已经这样了，你道个歉就能把我的衣服变干净吗？"在小敏的追究之下，那位同学答应出钱帮助小敏干洗衣服，但是也当即去找老师调动座位，因为她不想再挨着小敏坐了。

渐渐地，小敏在班级里的人缘越来越差。很多同学都觉得小敏性格古怪，心胸狭隘，都不愿意靠着小敏坐。最终，老师不得不让小敏独自一人坐在班级的最后一排。小敏觉得很孤独，性格也变得越来越内向，但是依然像一个"火药桶"一样，动辄就对别人发射"火炮"。

这个事例中，小敏属于典型的青春期性格，即动辄就生气，哪怕有一点点不高兴也写在脸上，且对别人不依不饶。显而易见，这样的小敏很难受到他人的欢迎。要想更友善地与他人交往，青少年一定要收起敏感脆弱的心，也不要总是有着如同针尖一般的小心眼，而是要摆正心态，更加友善地接纳和对待他人。

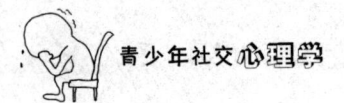

好心态，决定好的行为习惯，而好的行为习惯，则能帮助青少年规范言行。在日常生活中，很多父母对于孩子也是缺乏耐心的，而且常常因为孩子犯错误，就对孩子声色俱厉地进行批评。渐渐地，孩子受到父母潜移默化的影响，也会变得暴躁易怒。殊不知，这就像是生命中的一个隐患，说不定哪天就会完全爆发出来。因此，父母要以身示范，给青少年树立好的榜样。青少年也要时刻注意提醒自己，以温和的态度和礼貌的行为对待他人，戒骄戒躁，最大限度地维护好人际关系。

不穿奇装异服，让人一眼看去赏心悦目

在如今的社会风气之下，人人都不怕被别人关注，唯独害怕被别人忽略。青少年也受到这种风气和思想的影响，总是绞尽脑汁吸引他人的注意力。有些青少年没有特别的能力，因而就通过穿奇装异服来吸引眼球。殊不知，造型过于奇特的衣服，只会让人感受到你们内心的空虚，而无法凸显自身的品质。人靠衣装马靠鞍，对于青少年而言，衣着打扮固然重要，却不能以怪异夸张来吸引眼球，而应该穿着大方，整体搭配和谐，才能凸显气质和魅力。

常言道，一种米养百种人，即使是同一件衣服，也会存在适合某人而不适合另一个人的情况。有些衣服，穿在有些人身上很好看，穿在那些形象气质与衣服不符合的人身上，则只会显得那些人没眼光，不懂得搭配。

在穿衣搭配方面，男孩是相对比较省心的，这是因为男孩的衣服款式相对较少，质地大致相同。而对于女孩而言，服装的选择和搭配就是一项需要非常用心对待的大事，如果女孩随便把衣服套到自己的身上，只会达到事与愿违的效果。由此可见，不管是男孩还是女孩，除了要避免穿着奇

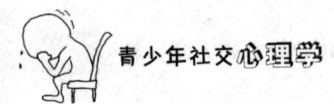

装异服之外,还要尽力提升审美眼光,从而把衣服穿得恰到好处,也能体现素质和涵养。

如何搭配服装呢?首先,搭配服装要考虑自己的年龄。一个青春美少女和一个中年女性,她们的服装搭配是绝对不同的。其次,还要根据每个人的肤色、形象和外形条件进行搭配。例如,身材矮小的女生为了起到拉长身材比例的效果,要穿那些修身的衣服;身材高挑的女孩,则可以穿着宽松的衣服,如飘逸的雪纺衫,这样才会裙裾飘飘,更凸显形象和气质。再次,穿着衣服还要根据场合进行搭配。例如,参加结婚典礼要穿喜庆的衣服,而如果参加葬礼,则要选择颜色深重的衣服,表达内心的沉痛。最后,选择和搭配服装,还要根据四时不同的节气。很多青少年总是与季节背道而驰,在冬天的时候穿着夏天的衣服,而等到了夏天,面对满大街的光膀子和光腿,他们又选择捂着。这样的夏捂冬晾尽管能让青少年看起来与众不同,却不利于青少年的身体健康。实际上,穿衣服最重要的就是根据季节,穿着应季的衣服,这样才能让衣服发挥基本的作用。

除了要把握好这些原则选择和搭配衣服之外,父母还要引导青少年养成干净整洁的好习惯。现实生活中,有些青少年习惯了接受父母的照顾,虽然不断地成长,已经具备自理的条件,却并没有形成自理的能力。对于这样的青少年,父母一定要学会放手,因为如果父母如同老母鸡一样翼护青少年,只会导致青少年的自理能力始终得不到提高,在社会交往中也越来越被动。青少年也许没有华丽的衣服穿,但是一定要爱干净,给人留下整洁卫生的好印象。

最近这段时间,悠悠正在准备小升初的面试。虽然准备得很充分,但

第二章 内外兼修，让青少年建立良好人际关系

是悠悠在参加好几次面试之后，都没有得到录取通知书。悠悠很纳闷，不知道自己哪里做得不够好。

有一天，又要去参加面试，悠悠穿上一件颜色夸张的裙子，而且还戴了个造型特别的头饰。看到悠悠的时候，妈妈当时觉得眼前一亮，但是仔细观察悠悠，妈妈觉得悠悠的打扮根本不合适去参加面试。妈妈问悠悠："悠悠，你为何这么打扮自己呢？"悠悠说："妈妈，我觉得这样可以引起面试官的注意。"妈妈忍不住笑起来："哦，原来你是为了吸引眼球啊。如果你的目的仅仅是吸引眼球，那么恭喜你，你的目的已经达到了。但是，如果你的目的是升入重点初中，那么我不得不提醒你，这身衣服真的会给你减分的。"悠悠不明白妈妈的意思，妈妈继续解释："这件衣服第一时间是能吸引人的眼球，但是在认真观察这件衣服之后，人们未免感到衣服的主人有些心态浮躁，只想急功近利就得到自己想要的一切。既然今天要见的是面试官，我觉得我们还是应该从提升能力方面着手，而不要打扮得过于花哨，你觉得呢？其实，你这身行头可以留着出去旅游的时候穿，一定很拉风。"悠悠觉得妈妈的建议有道理，因而回到房间换上中规中矩的装扮。这次面试，悠悠顺利通过。

很多青少年喜欢穿奇装异服，这恰恰意味着他们的心态不成熟，还处于盲目追求那些表面东西的阶段。这也难怪，毕竟青少年只是稍微长大点的儿童，还没有完全达到成人的阶段，自然也就没有成熟稳重的心态。作为父母，在帮助青少年打造自身良好形象的同时，要更多地引导青少年，而不要总是强迫青少年做违心的事情。

一个人要想受人欢迎，首先要有良好的形象，其次要有温和的内心。

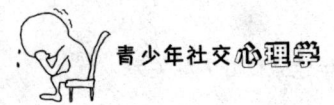

青少年要想在人际交往中处处受人欢迎，就要更加积极主动地提升自身的形象，也要全力以赴做好该做的事情。有人说，这个世界上最复杂的就是人心，的确如此，这也注定了人际交往的难度很大，要想建立和维持良好的人际关系更是难上加难。既然如此，青少年就要做到内外兼修，以良好的形象示人，以从容的谈吐征服他人，才能有效打动他人的心，给他人留下好印象，也为社交关系的发展奠定良好的基础。

第二章 内外兼修，让青少年建立良好人际关系

不卑不亢，才是真正的落落大方

进入青春期，孩子们很想和同龄人打交道，也希望自己能融入同龄人的群体中，从而得到认同感和归属感。然而，青春期的孩子一般容易情绪冲动、暴躁易怒，如果不能遵守相处的规则，每个人都想要由着自己的性子来，那么，时不时地就会发生各种矛盾和争执。由此来看，青少年之间要想和睦相处，维持友好融洽的氛围是关键。

愤怒，是人的基本情绪之一，愤怒会产生积极的力量，也会产生消极的力量。作为青少年，一定要控制好情绪，才能在某些特殊的情况下做到不卑不亢，落落大方，始终保持情绪稳定。否则，如果因为愤怒说出过激的话，做出过激的举动，只会导致事情朝着相反的方向发展，甚至事与愿违。任何时候，激动的情绪和冲动的举动都不能真正解决问题，反而会导致问题朝着相反的方向发展。只有不卑不亢，对于他人的恶意挑衅采取兵来将挡、水来土掩的态度，才能有效缓解紧张状况，让事情朝着好的方向发展。

乐乐是个自尊心非常强的孩子，脸皮很薄，为此在与同龄人、父母相

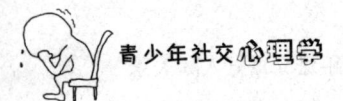

处的过程中，他动辄恼羞成怒。爸爸看出乐乐在情绪上的弱点，决定对乐乐采取干预措施，帮助乐乐摆脱愤怒的情绪，在愤怒的情绪下也能克制做出过激行为。

有一次，乐乐吃了很多饭，妈妈开玩笑道："乐乐，你这么能吃，就像个大胃王，我和爸爸都快养不起你了！"妈妈的本意是开玩笑，乐乐却翻脸了："我正在长身体啊，如果我不吃东西，怎么长身体呢？你愿意你的儿子成为一个又矮又瘦的小矬炮，还是喜欢看到你儿子长得人高马大的？"听完乐乐如同连珠炮一般的话，妈妈有些生气："你神经搭错了吗？我只不过和你开了个玩笑，看你这激动的，就像谁借了你的钱没还似的。"看到妈妈生气了，乐乐的眼泪马上流出来："谁让你说我是大胃王的？"妈妈啼笑皆非："你可真是变脸狗，根本禁不起开玩笑啊！"属狗的乐乐也不喜欢别人说他是狗，为此又是一番生气。

在一旁目睹整个过程的爸爸，在母子俩都恢复平静之后，才建议乐乐："乐乐，很多时候一句话说得不对，就会导致事情朝着相反的方向发展。妈妈刚才是在和你开玩笑，你却全都当真了，还跟妈妈顶撞。如果你能换一种说法，就会得到不同的效果。"乐乐却依然愤愤不平："我觉得我表现挺好的，都是妈妈太过分了。"爸爸说："如果你说'妈妈，这说明你的厨艺很好，所以我才会大快朵颐'，你猜妈妈会怎么样？"在爸爸的引导下，乐乐陷入沉思，良久才说："好像就不会吵架了啊？"爸爸点点头："对，这么说就不会吵架，因为你既赞美了妈妈的厨艺，也解释了自己吃那么多的原因。"乐乐说："但是妈妈还说我是狗。"爸爸笑起来："你本来就是属狗的，说你是狗，你就生气吗？你可以说，哦，妈妈，幸好你提醒我，不然我都忘记自己是属狗的了。"乐乐忍不住笑起来，爸爸说："这

样,还会吵架吗?"在爸爸耐心的引导下,乐乐的心胸越来越开阔,情绪越来越稳定,也能真正做到落落大方。

在社会交往中,很多人会因为各种各样的原因而陷入苦恼,甚至是愤怒之中。一个人如果不能主宰情绪,而被情绪主宰,在人际交往中就会很被动。有的时候,恶劣冲动的言行举止就像一根刺一样深深扎入他人的心里,由此给他人带来的创伤是很难愈合的。

青少年不是年幼的孩子,对于自己的言行举止已经有了一定的把控能力,如果还是任由情绪的怒火焚烧自己和他人,是非常失策的。青少年不仅要处理好与父母的关系,也要处理好与其他同龄人的关系,这样才能在成长的过程中结交更多的朋友,也得到朋友的理解、支持和信任。只有拥有稳定情绪的青少年,才能在很多突发情况发生的时候,保持内心的冷静和理智,也能做出恰到好处的选择和决定。

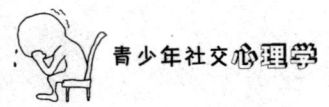

设身处地为他人着想，给他人愉悦的感受

自从推行独生子女政策以来，很多家庭都响应国家号召，只生一个孩子。虽然生一个孩子能够有效减轻生活的负担，但是独生子女也有很多弊端。作为第一代独生子女，1980年后出生的很多人已经成为父母，也养育了独生子女。这样4-2-1的独特家庭结构，使得孩子们在成长的过程中独享家人所有的爱，也变得越来越任性和骄纵。这些"唯我独尊"的孩子进入社会后，难免会以自我为中心，不懂得体谅和理解他人。由此一来引发了社会交往中的很多问题，也会导致孩子们陷入被动的社交境遇。

一个人要想与他人搞好关系，就要学会设身处地为他人着想。毕竟，每个人都是这个世界上独立的个体，一味地要求别人理解自己，只会使得人际关系失衡。我们首先要做的是积极主动地理解他人，必要的时候，还要设身处地为他人着想，才能给他人以愉悦美好的感受，也让人际交往事半功倍。

为何要设身处地为他人着想呢？这是因为在现实生活中，很多人思考问题的时候都会情不自禁地从主观角度出发，根本不能理解他人。如果把

第二章　内外兼修，让青少年建立良好人际关系

自己置身于他人的情境之中，设想自己作为他人会有怎样的感受，就能够理解他人的所思所想和所作所为，人际关系进展也会更加顺利。否则，如果总是站在自己的角度和立场上考虑问题，只会导致与他人之间产生分歧，甚至每个人都从自己的利益点出发去做决定，采取行动，那么，人与人之间的关系必然越来越疏远。作为青少年，从小在父母和长辈无微不至的照顾中成长，潜移默化中就会形成以自我为中心的坏习惯，就更要每时每刻提醒自己站在他人的角度上考虑问题，才能与他人产生共情，理解和体贴他人，与他人搞好关系。

　　五年级学期即将结束的时候，乐乐和语文老师周老师之间发生了严重的冲突。原来，乐乐脑子活络，看到班级里的同学有购买的需求，就利用上学和放学路上的机会，用零花钱购买了一些小玩意儿，拿到班级里去卖。为了吸引人气，他还从家里带了很多课外书去学校，借给同学们看。有一天中午，因为同学们都围着乐乐借书、买东西，负责维持纪律的班长很生气地要求乐乐罚抄课文。乐乐当即反驳："老师不是说要警告三次才罚抄课文的吗？你连一次都没有警告我，不能罚我抄课文。"班长坚持让乐乐抄课文，为此，乐乐和班长争执起来。这个时候，周老师来到教室，向乐乐询问情况，得知事情原委之后，周老师说："我现在就去和班长核实，看看他是否警告过你三次。"核实情况之后，周老师知道班长的确没有警告乐乐，就直接惩罚乐乐抄课文。但是周老师并没有帮助乐乐主持正义，而是同样要求乐乐抄课文。乐乐不甘心，当即又和老师争辩起来。

　　老师打电话给爸爸妈妈说明乐乐的情况，爸爸妈妈当即表态会纠正乐乐在学校里卖东西影响课堂纪律的错误行为。次日，老师问乐乐："乐乐，

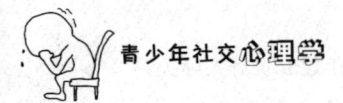

回家挨揍了吧？"乐乐摇摇头，说："爸爸没有揍我，告诉我不要卖东西了。"老师很惊讶："你这个孩子就是欠揍，你爸爸是不是舍不得揍你啊！"乐乐感受到老师话语中的讽刺意味，正想要争辩，被老师喝令："闭嘴！我没让你说话，你不许说话。"就这样，周老师当着全班同学的面数落了乐乐一通，放学后还把乐乐带到办公室继续教育。回家的路上，乐乐气愤不已，在自建的同学群里骂了老师。结果，骂人的话很快传到周老师的耳朵里，周老师火冒三丈，当即打电话给乐乐爸爸，要求乐乐爸爸教会孩子怎么做人。爸爸把乐乐接回家，想要做乐乐的思想工作，却发现乐乐钻入死胡同，只顾着争辩为何老师说警告三次才罚抄课文，却维护班长的错误做法。妈妈语重心长地对乐乐说："乐乐，班长要负责班级纪律，周老师也要以班级纪律为重。虽然老师不应该打破规矩惩罚你，但是这也说明你的确严重影响了班级秩序。周老师要为大局考虑，要维护班长的尊严，这样等到班级里其他同学发生状况的时候，班长的管理才能有效，明白吗？况且，是罚你抄写课文，你抄完之后能更好地记住内容，是有利于你学习的，我觉得抄一遍也没关系。"

就这样，妈妈从各个方面为乐乐分析这件事情，最终才让乐乐理解了周老师维持班级秩序的良苦用心。

在这个事例中，乐乐因为一件小事和班长、老师发生冲突，从道理上来讲，他是没有错误的。但是，他钻入死胡同，总是认死理，所以导致矛盾冲突不断升级，最终引发严重的后果。假如乐乐能和妈妈一样想到老师的苦衷，知道老师管理一个班的孩子很辛苦，也意识到班委在班级里必须有威信才能发挥重要的作用，事情也许就不会继续恶化。

青少年原本就容易情绪冲动,当发现别人做的事情侵犯了他们的权益时,更容易走极端,进入死循环之中。在这种情况下,青少年一定要主动提醒自己,要求自己站在他人的角度上思考问题,从而帮助自己保持情绪稳定,也让自己在理解他人的基础上,与他人友好相处。

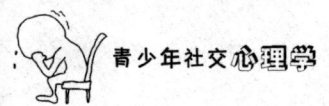

让笑容成为你最好的通行证

在这个世界上,不同国家、不同民族的人,所说的语言都是不同的。这让各个国家和民族的人在沟通的过程中常常遇到各种困难和阻碍,无法顺畅沟通。然而,细心的朋友们会发现,即使语言不通,有一种表情却是相通的,也能起到良好的沟通效果,那就是——笑容。笑容,是人际交往的通行证,人们很难拒绝一个面带微笑的人,也常常因为笑容与某个人变得亲近和熟悉起来。作为青少年,也要发挥笑容的作用,不管是向熟悉的同学请教或者求助,抑或是与陌生人建立良好的关系,笑容都能起到积极的作用和效果,也有助于促进人际关系发展。

常言道,少年不识愁滋味,为赋新词强说愁。这很好地描述了青少年的微妙心态。原本,青少年是可以无忧无虑生活的,而偏偏为了表现出自己的忧愁和深沉,总是眉头轻皱,使得自己看起来似乎满腹忧愁的样子。假如青少年能够调整心态,以积极的态度面对人生中的不如意,就会发现自己的心情会变得越来越轻松,内心渐渐地充满阳光,人际关系也得到有效改善。

第二章 内外兼修，让青少年建立良好人际关系

暑假里，乐乐正在参加补习班。开学之后他就是六年级的学生，面临小学毕业升初中的残酷竞争，必须借助于暑假的机会努力把学习成绩提上去。不过，乐乐原本的学习功底就不错，所以老师补课的效果很明显，乐乐的进步也显而易见。

有一天中午，乐乐下课之后和同学一起去买午饭。他和同学扫码两辆共享单车，去买完午饭回来之后，才回到教室，就发现手机不见了。乐乐认为自己一定是把手机遗忘在车筐里了，因而赶紧下楼去找。然而，楼下停着的车子太多了，乐乐无法马上找到自己骑过的那一辆。为了尽快寻求帮助，乐乐笑着询问大楼里的保安："叔叔，我的手机好像落在自行车里了，现在找不到了。你能把手机借给我用一下吗？我就在楼上二十一层的培训机构补课，我不是坏人。我想打个电话给妈妈，让她帮我联系一下手机。"看到这个白净的孩子满脸笑容，保安不忍心拒绝他，就把手机借给他用。幸好乐乐联系妈妈很及时，妈妈也马上打通乐乐电话，捡到手机的人也把手机送还给了乐乐。

在这个事例中，乐乐之所以能求得陌生保安的帮助，是因为他的笑容很真诚。如今，很少有人愿意把手机借给陌生人用，因为陌生人在大街上借到手机之后逃之夭夭的比比皆是。如果不是以真诚感动保安，也赢得保安的信任，乐乐就无法及时求助于妈妈，也许要找回手机就很难了。

在现实生活中，青少年渐渐地摆脱父母的照顾和束缚，更加深入社会生活，更加趋于独立。在这种情况下，一定要学会用笑容来装点自己，让自己变得真诚和值得信赖，这样才可以消除与陌生人之间的隔阂，建立良好的人际关系，也才可以在需要帮助的时候，以笑容打动人心，得到他人

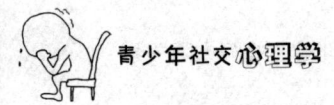

的热心相助。哪怕是面对一个语言不通的人，笑容也可以传递友好、真诚的情谊。因而，青少年一定要会笑，也要始终与笑容相伴。

　　细心的人会发现，总有些青少年虽然已经长成半大小子，不管走到哪里，依然会深受人们的喜爱和欢迎。对于这样的青少年而言，笑容甚至是他们行走社会的资本，能够在无形中帮助他们打开他人的心扉，征服他人的心，也得到他人真诚友好的对待。当然，青少年要想始终充满笑容，就要培养自己的心态，让自己积极乐观，情绪良好。那些被称为"开心果"的孩子，人生如同开挂一般，总是好人有好运。当然，笑容除了能给他人带来好心情之外，也往往能给青少年自己带来愉悦的心情。作为青少年，人生正在扬帆起航之际，不管遇到什么事情都要始终怀着积极乐观的心态，微笑着面对一切，这样才能最大限度激发生命中的喜乐情绪，笑对人生。

第三章
学会沟通,让青少年在人际交往中游刃有余

　　沟通是人际交往的桥梁。青少年如果不懂得如何沟通,就很容易与他人产生误解。当然,沟通也并非大多数人所理解的那样,必须喋喋不休地表达。真正有深度、有效果的沟通,是以尊重和平等为基础,以倾听为前提条件进行的。

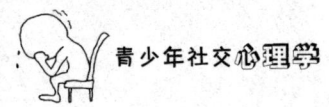

尊重与平等,是沟通的基本前提

社交的基础是什么?有人说是倾听,有人说是拥有好口才,能够口若悬河、滔滔不绝,不得不说,这些方面的能力对于社交而言固然重要,却不是不可取代的。社交的基础是沟通,沟通的基础却是尊重与平等,因此可以说尊重与平等是沟通的基本前提。

人与人的交往,一定要建立在相互尊重的基础上。唯有如此,才能形成良好的关系;也唯有如此,才能平等互动。有的青少年在家中习惯于接受父母和长辈无微不至的照顾,也在不知不觉间形成了唯我独尊的坏意识。当他们以居高临下的态度与他人交流时,这样的交流往往是让人不愉快的,也是效率低下的。为了避免青少年在未来的社会交往中陷入困境,父母应该有意识地引导青少年平等对待他人、真心尊重他人。青少年自身也要形成正确的观点,知道每个人都是这个世界上值得尊重的一员,一个人唯有尊重他人,才能得到他人的尊重。

在青少年群体中,大多数青少年都非常敏感,自尊心强烈。他们渴望得到他人的尊重,也希望被平等对待,既然如此,首先要做到自己就是如此对待他人。古人云,己所不欲,勿施于人,把这个道理颠倒一下也是正

第三章 学会沟通，让青少年在人际交往中游刃有余

确的，那就是己所欲，先施于人。孟子说过，"爱人者，人恒爱之；敬人者，人恒敬之"，说的就是这个道理。

从小，杰米就是个很有主意的孩子。早在七八岁的时候，当爸爸妈妈针对家里的一些事情进行讨论，杰米就积极地要求参与。为了培养杰米的主人翁意识，爸爸妈妈也同意了。然而，自从进入青春期之后，妈妈发现杰米的参与感越来越强，而且大有要求爸爸妈妈一切都听从他的趋势。有一次，妈妈正在和爸爸说工作上的重要事情，杰米又开始长篇大论地发表自己的意见，心情烦躁的妈妈忍不住斥责："好啦，闭嘴！我不需要你出馊主意。"听到这句话，杰米的眼泪当即流下来，妈妈尽管意识到自己说错了话，但是并不想改正。杰米气得一句话都没说，就回到卧室，连晚饭都没有出来吃。

后来，爸爸批评妈妈："你呀，和孩子说话能不能注意下呢？虽然你因为工作的事情心烦，也不能把火撒到孩子身上啊！闭嘴，带有禁止的意味，一定伤害了杰米的自尊心。"后来几天，虽然妈妈故意逗着杰米说话，杰米也不愿意说话。最终，妈妈只好真诚地给杰米道歉，这件事情才算结束。但是，杰米在和解之后一本正经地告诉妈妈："妈妈，以后我不希望你再让我闭嘴，这让我觉得受到侮辱。"妈妈当即点头表示同意，并且承诺杰米："放心吧，以后不管心情如何，我都会尊重你。"妈妈的承诺有效地修复了与杰米的关系。

在这个事例中，妈妈态度粗暴，显然伤害了杰米脆弱的自尊心。其实，不仅杰米的自尊心脆弱，很多青春期孩子的自尊心都非常脆弱。作为父母，

除了要照顾好孩子的吃喝拉撒之外,最重要的是关注孩子的心理健康,要以合理有效的方式引导孩子舒缓情绪。就像杰米一样,如果不曾得到妈妈的尊重,也没有得到妈妈的道歉,那么他与妈妈之间就会出现隔阂,也会使得不愉快的情绪继续在母子之间蔓延开来。

当父母以正确的方式对待青少年时,青少年感受到父母的尊重、理解和平等对待,渐渐地,就会潜移默化受到父母的影响,也以同样的尊重和平等对待父母。此外,父母还要为青少年营造良好的家庭氛围,这样青少年才能在民主和谐的家庭氛围中健康成长,情绪舒缓,内心淡定。在此基础上,青少年也会尊重和平等对待他人,尤其是在沟通的过程中,知道不要随意打断他人,也知道不能肆意禁止他人发言。

学会倾听，才能有效沟通

有了尊重和平等对待作为基础，接下来要想让沟通事半功倍，前提就是认真倾听。很多人误以为所谓沟通就是滔滔不绝、口若悬河地表达自己，却不知道沟通一定要建立在倾听的基础上，否则就会成为自说自话，根本无法产生积极互动的作用。

倾听，是了解一个人的重要途径。当面对陌生人的时候，如果对方打开了话匣子，我们就要全神贯注地倾听。即使他人没有打开话匣子，我们也要引导他人主动表达。只有在倾听他人的过程中，我们才能了解更多的信息，对于他人才能从不了解到了解，从而与他人的关系越来越深入。同样的道理，在与熟悉的人沟通时，即使是漫无目的地闲聊，也要学会倾听。因为当针对某件事情展开沟通时，唯有倾听，我们才知道他人的所思所想，也才能卓有成效地打开他人的心扉，把话说到他人心里去。总而言之，倾听对于沟通是至关重要的。

在倾听的时候，有哪些注意事项呢？首先，倾听要专心致志，千万不要表现出三心二意的样子，否则就会被别人误以为你不够尊重他们。其次，在倾听的过程中，要适时给予对方回应。为了向对方证明你的确一字不落

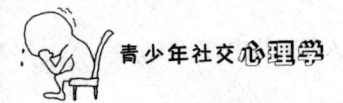

地把他们的话都听到心里去了,你要时不时地点头,或者说出简单的语气词表示惊叹、赞美等感情。需要注意的是,这样的话语不要说得太长,否则就会打断对方表达的思路。有的时候,如果不知道如何回应对方,也可以重复对方说的某一句话,从而让沟通取得良好效果。最后,倾听要抓住重点。很多人听话总是不分重点,把别人的一段话从头到尾听下来,却不知道对方在说什么,也不知道对方想要表达的主旨是什么,这是非常让人沮丧的。总而言之,一个人唯有学会倾听,才能最大限度地沟通好。如果一个人连倾听都不会,如何让沟通取得良好的效果?

在公司举办的年会上,初来乍到的小许根本没什么事情可做,不管是表彰还是批评都和他这个新人无关,为此,他就像是一个看热闹的看客,置身事外。会议结束后,开始自助晚宴。小许只认识本部门的几个人,但是他们都去和相熟的人聊天了,所以只剩下小许一个人百无聊赖。突然,小许看到角落里的沙发上坐着一个长发飘飘的女孩,他不由得怦然心动,心想:既然有人和我一样无聊,不如我们就聊聊天吧,说不定还能有所收获呢!

这么想着,小许端着一杯酒走到女孩的对面,有礼貌地问:"您好,请问我可以坐在这里吗?"女孩环顾四周,看到周围是熙熙攘攘热闹的人群,这才确定小许是在和她说话,她点点头。小许的屁股还没有坐到沙发呢,就看到女孩的胸口有一枚木质的胸针。小许很感兴趣地问:"您的胸针非常别致,我觉得这应该不是我们民族的手工艺品,肯定是从少数民族得来的吧!仔细看来,还有一些异域风情。"女孩看到小许对胸针的评价这么高,马上来了兴致:"你的眼光很犀利啊。这枚胸针是我最喜欢的胸针,

虽然它不值钱,但是它很独特别致。它是我从印第安人那里买来的。""印第安人?"小许惊讶地问,"你去过美洲旅游吗?真是勇气可嘉,我也很早就想去美洲,可惜一直没有机会去。"

接下来的时间里,女孩一直在滔滔不绝地讲着自己去美洲的故事。小许始终没有说话,只是时不时地点点头,或者因为惊讶,发出一两声惊呼。有的时候,女孩讲到离奇的经历,小许还会难以置信地问道:"真的吗?"就这样,两个小时过去,宴会都要结束了,小许还在听女孩讲述。告别的时候,女孩对小许说:"你是一个很好的伙伴,很健谈,也很幽默。你是哪个部门的?要不我们互相加一下微信吧!"小许当然求之不得,赶紧扫码加了女孩的微信,也互相留了电话号码。没过多久,他们就开始约会了。

在宴会上,小许只是想与女孩搭讪,在赞美女孩的木质胸针之后,他还说什么了?他什么也没说。但是,就因为他善于倾听,所以给女孩留下了健谈、风趣、幽默的印象,这些可都是加分项啊!

青少年也要知道,要想成为一个好的沟通对象,首先要成为一个善于倾听的人。所谓的善于倾听并非一味地听,而完全不管不顾别人在讲什么,而是要打开心扉与他人交流,接收他人所传达的信息,把别人的话听到心里去,及时给予他人合适的回应和反馈。这样一来,也许你什么都没有说,却能激发他人的谈兴,给他人留下好印象。善于倾听的青少年,在人际交往中总能受到他人的欢迎,也可以事半功倍地建立良好的人际关系。

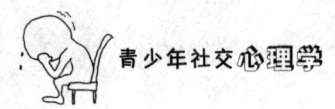

不把话说满,给自己留退路

细心的人会发现,很多人在社会交往中,说起话来总是咬牙切齿,恨不得就这样运用语言的力量打击他人。实际上,语言的确具有强大的力量,既可以传递友好,也可以传递憎恶;既可以让人感受到宽容,也可以让人感受到邪恶和永不原谅。而且,语言是一把双刃剑,在伤害他人的同时,也会伤害我们自己。有人说,语言是思想的外衣,这是有道理的,这句话告诉我们外在的言行举止表现并非毫无依据,而是由他们内心的状态所决定的。一个心思狭隘的人,说起话来总是恨恨的,而一个心胸开阔、心地善良的人,说起话来才会更加宽容友善,也会更好地对待他人。

青少年因为情绪容易冲动,更要控制好情绪,调整好心态,从而做到言语宽和,绝不把话说绝。不把话说绝,不但是对他人的尊重,同时也能给自己留下回旋的余地。这样一来,当事情的情势发生急速变化或者剧烈翻转,青少年才能顺势而动,为自己争取主动。

杰米正在读初三,眼看着就要期末考试了,妈妈对他期末考试的成绩

第三章 学会沟通,让青少年在人际交往中游刃有余

还是非常重视的。为了督促杰米,妈妈几次三番提醒杰米要认真复习,没想到杰米却不以为然地说:"放心吧,就算不给你拿个第一回来,也给你拿个第三回来。"妈妈很惊讶:"你就这么有自信吗?"杰米回答:"当然,我期中考试不就是第一吗?"妈妈提醒杰米:"现在正处于关键时期,每个同学都铆足了劲对待学习。所谓士别三日,当刮目相看,也许你这段时间的进步没有其他同学大,那就会被反超。"杰米还是自信满满:"放心吧,我心里有数。"妈妈看到杰米这么盲目自信,决定给杰米一个教训,因而追问杰米:"如果你不能考到前三名,怎么办?"杰米拍着胸脯说:"那你就没收我今年的压岁钱。"妈妈当即与杰米约定:"君子一言,驷马难追,如果你考不好,可就别怪我无情了呀!"

在和妈妈说了这样的话之后,杰米依然充满信心,直到期末考试前进行模拟考,杰米的成绩居然在班级里位列十五名,这么巨大的落差让杰米感到很震惊,他也当即通宵达旦地努力起来。看到吉米的成绩波动这么大,妈妈固然着急,也意识到这说不定还是一件好事,因为可以让杰米马上振奋精神努力学习,这样期末考试还会有所进步。很快,期末考试的成绩出来了,杰米只考了第七名。妈妈语重心长地对杰米说:"杰米,如果不是模拟考的时候你只考了十五名,你觉得期末考试能考到第七名吗?"杰米想了想,摇摇头,说:"我太轻敌了。"妈妈说:"今年的压岁钱就归我了,你如果需要什么东西可以告诉我,我会帮你买的。"对于妈妈的决定,杰米心服口服,从此之后,他再也不敢把话说绝了。

青少年对于人生的复杂和生活的无常,还没有那么多的了解和认知,因而他们在处理很多事情的时候,不知不觉间就会把话说绝,因为在他们

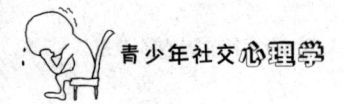

心中,处理一件事情就像做数学题那么简单。殊不知,事情的发展状况受到很多因素的影响,绝不是主观意志可以决定的。青少年要认识到,天时地利人和才能成功,也要认识到自身还有很大的提升空间,还需要非常努力才能把每件事情做好。事例中的杰米因为过度自信,把话说得太满,以致被打脸。实际上,当杰米在说自己保证至少前三名的时候,妈妈已经提醒他其他同学"士别三日,当刮目相看",也让他不要以老眼光把人看扁。但是,杰米没把妈妈的话放在心上,最终被没收了压岁钱。

任何事情,都不可能以人的意志力为转移,如果事情的发展的确有所好转,那只能说是外部的很多因素都达到了条件。在这种情况下,青少年也不要因为过度自信,对很多事情妄下断言。要知道,事情的发展受很多因素的影响,有的时候,哪怕大部分因素都已经具备,只是缺少小小的一个条件,也会与成功失之交臂。明智的青少年会谨言慎行,会以合适的语言表达想法,给自己留有余地。

第三章　学会沟通，让青少年在人际交往中游刃有余

组织好语言，让表述井井有条

　　一个人在表达的时候，一定要有目的，也要组织好语言，这样才能把自己的意思表达明确，也才能在沟通的过程中起到事半功倍的效果。然而，现实生活中，很多人说起话来逻辑混乱，东一句西一句的，根本没有用心地组织语言，导致沟通毫不意义。既然沟通是人际交往的基础，语言是思维的外衣，那么作为青少年，要想处理好人际关系，结交更多的朋友，也维护好现有的友谊，就要组织好语言，让自己的表述井井有条，也让听到的人马上就能明了。

　　细心的人会发现，偶尔，我们会非常用心、绘声绘色地和他人讲述一件事情，但是说着说着，似乎一下子忘记了前面在说什么，也记不起来后面还要说什么，就这样被卡在那里，既不能前进，也不能后退。这是遭遇思维的墙了吗？的确，因为你的思维和迷宫一样，所以你不知道什么时候就会发现自己的面前矗立着一堵墙，也会因此而陷入表述的困境。为了避免这种情况的发生，在表述之前应该把语言整理好。

　　通常情况下，女孩的生长发育比男孩要更早一些，又因为女孩比较擅长语言表达，所以女孩的语言组织能力比男孩发展得好。作为男孩，要想

提升自身的语言表达能力，就要有目的地锻炼和提升自己。也许有些青少年不能自主地发现自己讲话缺乏条理性，那么可以咨询他人的意见，从他人那里得到中肯的建议。所谓人贵有自知之明，对于青少年而言，不管是自知，还是从他人那里得知，目的都是一样的，那就是卓有成效地提升自己，完善自己各个方面的能力。

有天上完课，乐乐回到家晚了一个小时，妈妈打他的手机，他始终没接。为此，妈妈非常着急，心急如焚地等到乐乐回来，马上就对乐乐劈头盖脸一通数落。妈妈要求乐乐说说原因，乐乐想了想，就说开了："我今天本来不晚的，我放学之后都已经回家了，老师又来布置作业。我有个同班同学也在这个培训机构学习，中午的时候，我还和他一起吃饭呢……"乐乐的话还没有说完，妈妈就打断他："我没有问你中午的事情，我问你的是今天下午放学为什么回来这么晚？"乐乐说："你听我说啊，我中午和同学一起吃饭，之后又玩了一会儿，所以没有完成老师布置的作业。老师很生气，因此今天放学之后，原本给我布置的作业少，后来一想到我犯错误，又给我布置了一些作业。"妈妈可算听明白了，说："你是说因为中午和同学一起吃饭又玩，导致作业没完成，所以放学之后，老师又额外布置给你作业了，对吗？"乐乐连连点头。

妈妈还是不了解："那么，你为什么回来这么晚呢？难道老师完成布置的作业需要一个小时的时间吗？"乐乐回答："我觉得学校里比较安静，就在学校里写了一会儿作业。"妈妈叮嘱乐乐："那你至少要告诉我一下，你的手机打了没人接，也不告诉我，我不着急吗？"乐乐认识到错误，赶紧向妈妈保证以后有特殊情况会及时通知妈妈。

在这个事例中,乐乐的表述明显有些混乱。也许是因为他的逻辑思维不强,也许是因为他面对妈妈的盘问太紧张了,所以才会说起话来颠三倒四。青少年正处于身心发展的关键时期,一定要形成逻辑思维,在做事情或者进行语言沟通的时候,要做到思路清晰,语言组织井井有条。

语言是思想的外衣,一个语言表述混乱的人,逻辑思维必然也很混乱。要想避免混乱的情况发生,简明扼要、目的明确地说出主要内容是很好的方式,因为这样可以避免冗长拖沓的叙述。一个逻辑思维混乱的人,就好像是鸟儿失去翅膀,在天空中四处扑腾,导致的结果将是不可预期的。作为青少年,正处于身心发展和学习的关键时期,一定要理清思绪,有条理地组织语言,才能在沟通中顺利地表情达意。

要提升思维能力,还可以经常练习写文章。如果说语言表达具有即兴发挥的特点,那么在写文章的时候,青少年就有更多的时间去思考和斟酌,从而能够确定逻辑思维的顺序,也可以通过斟酌让语言更加精练。

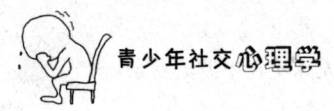

换位思考,把话说到他人心里去

在语言沟通中,只有把话说到他人的心里去,才能成功地打动他人的心。人际关系是非常微妙的,有的时候,一句无心的话就会惹恼他人,一句有心的话也会让他人打开心扉,接纳我们。之所以有这么大的区别,就在于说话者的心态和不同的表达方式。

很多青少年没有意识到表达的重要作用,是因为生活的经验匮乏。很多成年人都知道,现代社会中,沟通已经被提升到很高的地位,沟通的效果如何,往往决定很多事情。善于沟通的人不管走到哪里都受到欢迎,而不善于沟通的人总是因为无心的话伤害他人。因而,青少年一定要养成良好的沟通习惯,也学会把话说到他人的心里去。

我们不是他人,如何把话说到他人的心里去呢?相信很多青少年都有这样的困惑。的确,我们不是他人,而且无论怎么设身处地也无法成为他人,既然如此,我们就不要奢望成为他人,而只需要换位思考,就能站在他人的立场思考问题,从他人的角度出发解决问题。把话说到他人心里去,我们才能消除与他人之间的隔阂,才可以有效地打动他人的心,打开他人的心扉。

第三章 学会沟通，让青少年在人际交往中游刃有余

很久以前，有个男孩的家里特别穷，因而买不起煤油。男孩很好学，觉得整个晚上的时间不看书，就白白浪费了。思来想去，他决定去富人家的夜读学堂里读书。有几次，男孩都浑水摸鱼地加入了夜读学堂，后来有个富家子弟发现男孩去蹭煤油灯用，因而决定联合其他的富家子弟一起赶走男孩。

当富家子弟们对男孩公布决定的时候，男孩感到很沮丧。他对富家子弟们说："我知道我家穷，出不起煤油灯的钱。不过，我在这里读书，只占据你们不用的一个小小角落，我绝对不会影响你们，也不会增加你们使用煤油灯的费用。相反，我愿意每天早一点到来，打扫卫生，帮你们把桌子擦干净，也为你们准备饮用的水。这样一来，你们还可以少雇佣一个人。"富家子弟觉得男孩说得很有道理，就答应了男孩留下来的请求。

在这个事例中，男孩原本要被富家子弟们赶走了，正因为他站在富家子弟的角度考虑问题，所以才能把话说到富家子弟的心里去。的确，对于富家子弟而言，他们不需要花费更多的煤油，正常的学习生活也不会受到男孩的影响，却有一个免费的新用人可以帮助他们做好学习的准备。这样一来，他们反而可以减少用人的开销，而男孩只是在不起眼的角落里分享煤油灯的光线而已。

在沟通的过程中，一个人不管是处于强势的地位还是处于弱势的地位，都无法利用强势的压迫或者是软弱的哀求来说服他人，最重要的是，要站在他人的立场上考虑问题，要让他人知道你是真心为他们考虑。这样一来，才能成功地把话说到他人的心里去，也才能卓有成效地打动他人的心，赢

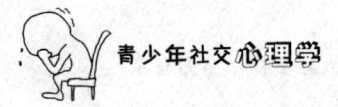

得真心相待。

很多青少年都已经习惯于接受父母的照顾和长辈的呵护，因而很少能够主动为他人着想。然而，父母即使再爱孩子，也不可能一辈子陪伴孩子。孩子渐渐长大，终究要离开父母的身边，独自融入社会。既然如此，父母要有意识地培养和提升孩子换位思考的能力，从而让孩子更善于与他人沟通和交往，也有助于孩子建立和维护良好的人际关系。

幽默,是语言的调味料

幽默,是智慧的最高表现形式。很多人误以为幽默就是开玩笑,殊不知,幽默是高雅的语言艺术。只有真正充满智慧且心思灵活的人,才能抓住恰当的时机说出幽默的话来,给语言增加精彩纷呈的调味料,让原本寡淡乏味的语言,变得更有味道,层次丰富,从而使人际关系更融洽。

幽默的人,不管走到哪里都会受到欢迎,因为他们不仅通过幽默提升了魅力,也用幽默给他人带来更多的快乐与幸福。打个形象的比方,幽默就像是一架桥梁,能够在人与人之间架起通道,让人与人之间原本蜿蜒曲折的心路瞬间变得更近。尤其是在社交场合遇到尴尬或者冷场的时候,幽默更是可以帮助人们舒缓心情、缓和关系,也可以打破冷场和尴尬,让人际关系恢复和谐融洽。也因此,人们不但把幽默视为语言的最高表达形式,也把幽默视为人际交往的艺术之一。

作家谌容是一个非常幽默风趣的人,而且特别机智,随机应变。有一次,谌容接受美国一所大学的邀请,去美国大学进行访问,并且进行公开演讲。演讲结束后,在场的大学生开始对她进行提问,谌容秉承知无不言、

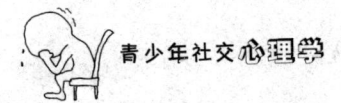

言无不尽的精神,全都给以坦诚的回答。然而,一位学生突然带有挑衅意味地问谌容:"谌容老师,我知道,在中国实行一党专政,那么您不是党员,与中国共产党的关系怎么样呢?"这个问题带有敏感的政治色彩,万一回答不好,就会被人抓住把柄引起波澜,甚至还会受到人身攻击。谌容作为一名作家,当然知道这个问题的难度和关键意义,因而她轻松地笑了笑,说:"这位同学,我不得不佩服你的情报非常准确,因为迄今为止我的确还没有成为一名共产党员。不过,你的情报也有疏漏之处,那就是我的丈夫是一名有着数年党龄的老党员,我已经和他共同生活大半辈子了,而且我打算继续和他一起生活下去。由此,你可想而知我与中国共产党人情比金坚了吧?"谌容话音刚落,台下的听众们就报以热烈的掌声。

不得不说,谌容对于别有用心的美国同学提出的这个敏感问题,巧妙地偷梁换柱,以幽默的方式回答问题,也赢得了大家的认可和赞许,实在是让人钦佩。幽默总是具有这样的效果,可以在关键时刻帮助人们解围,也让人因为幽默而展示自己的聪明才智和能力,这无疑是一举数得的好方法。幽默的前提是要有博学的知识,有聪明机智的头脑,也有极高的智慧。这样才能随机应变,根据事情发展的情况,卓有成效地以幽默应对。具体而言,幽默的方式有很多,如偷梁换柱,也就是偷换概念。诸如事例中的谌容,就是采取偷换概念的方式来应对美国同学别有用心的提问。此外,还可以装糊涂,进行巧妙的类比,或者采取迂回曲折的方式,也可以因势利导、声东击西。总而言之,只要根据交谈的对象和事情发展的实际情况做出巧妙应对,不但能够有效地保护自己,也可以不动声色地反击他人,这样就能达到幽默的效果。

美国前任总统威尔逊,在没有竞选成为美国总统之前,曾经在新泽西州担任州长。有一天,威尔逊正在办公室里办公,突然接到华盛顿的电话,说有一位新泽西议员突然去世。这位议员和威尔逊私人交情很不错,因而得知消息后,威尔逊感到非常震惊,也心情沉痛,为此,他通知秘书取消当天的各种会见和日程。不想,才过去几分钟,就有其他因为新泽西的议员去世的电话打给威尔逊。在电话里,这位议员毫不掩饰地说:"州长,我听说有一位议员已经去世了,我想接替他的位置。"

此时此刻,威尔逊还沉浸在痛苦之中无法自拔,接到这样的电话,他的内心特别恼火,也深深感受到人情的淡漠。为此,他回答道:"当然。只要殡仪馆同意,我没有任何意见。"那位打电话来的议员瞠目结舌,他根本没有想到威尔逊会给出他这样的回答,只好默默地挂断电话,再也没有提起这件事情。

显而易见,威尔逊采取了装糊涂的方式,他明明知道打电话的议员是想得到职务上的空缺,却假装糊涂,将其理解为议员也想去殡仪馆里占据一个位置,为此他一本正经地回答自己毫无意见,但是议员必须赢得殡仪馆的认可和同意。正因为如此,那位议员无法正面回应,只好灰溜溜地挂断电话,再也不提这件事情。不得不说,威尔逊的幽默方式特别犀利,既表明了自己的态度,也有力地讽刺了那个会员,却也没有撕破脸皮和那个议员反目,可谓一举三得。

巧妙运用幽默,总是能取得让人意想不到的效果。这个意外也许是惊喜,也许是惊吓,但是效果不打折扣。除了要掌握运用幽默的技巧之外,

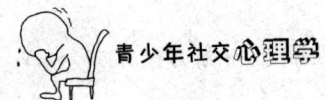

还要拓宽知识面,增强敏锐的观察力和深刻的洞察力。唯有眼光犀利独到,才能透过现象看到本质,也才能在此基础上运用诙谐的语言恰如其分地表达自己的想法。

幽默不但是人际沟通的润滑剂,也是为生活增添趣味的最佳方式。作为青少年,也许暂时还不具备炉火纯青运用幽默的能力,那就要努力提升自身的知识水平,也在实际的人际交往中不断增强随机应变的能力,从而运用幽默让自己变得更快乐,也给身边的人带来快乐,让人际关系更加和谐融洽。

给他人机会表达

很多人会陷入一个误区，觉得一定要滔滔不绝、口若悬河，才是善于表达的人。实际上，当一个人如同唱独角戏一般把所有的话都说尽了，而完全不给他人机会说话，只能说明这个人是不善于表达的，也是不懂得人际交往技巧的。俗话说，会说不如会听。在人际交往的过程中，每个人首先要学会倾听，给他人机会表达，才能更加了解他人，也才能把话说到他人心里去。尤其是在社交场合，切勿说起话来没完没了，尤其是有些人还是自来熟，哪怕见到陌生人，一旦搭讪，也会说个不停，这样很容易招致他人的反感，引起他人的不满。

青少年在与人交往的过程中，一定不要以自我为中心，而丝毫不顾及他人的感受。要知道，所谓沟通一定是相互的，只有产生互动，才是真正的沟通。如果因为说起话来不知道停顿，不给他人任何插嘴的机会，导致人际关系恶劣，则是件很让人遗憾的事。还有些青少年尤其喜欢出风头，他们已经从儿童成长为青年，又没有到达成年人的高度和境界，因而思想上常常不够成熟和稳定，有的时候还会觉得自己无所不知、无所不能。为此，他们为了表现自己，总是滔滔不绝地叙述自己的观点，对于他人的想法和

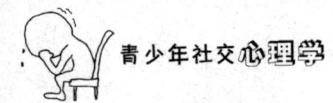

态度则完全不在意。实际上，在社交经验丰富的人面前，青少年的这点儿小伎俩完全不值一提，他们也会因此对青少年产生不好的印象。

从人际交往的角度而言，给他人机会表达，不但能够达到交往的目的，也可以表现出对他人的尊重。在与他人沟通的时候，还要注意观察他人的反应，从而及时调整沟通的态度和策略，达到预期的沟通目的。很多青少年因为习惯于以自我为中心，只管畅所欲言地发表自己的观点，而完全不顾及他人的想法，日久天长，这样的做法必然引起他人的厌恶，也使得人际关系陷入尴尬的境地。

从表达的目的来说，话不在于多，而在于精。青少年要注意组织语言，让表达井井有条，才能表情达意，表达清楚自己的真实想法和观点。否则，说得很多，却没有表达清楚自己的意思，反而会招致他人的反感。有的时候，急急忙忙表达，而没有提前确定表达的目的和表述的思路，还有可能说错话。所谓祸从口出，言多必失，这告诉我们话说得太多未必是好事情，只有把话说得少而精，把每句话都说到点子上，才是最好的选择。

有一个周末，小米和小麦需要一起在学校补课，她们正在读初三，很快就面临升入高中的考试，为此，大家都很努力和紧张，也都拼尽全力在学习。眼看着上课的时间就要到了，小麦却迟迟没有来，小米很着急，接连给小麦打了好几个电话，都没有人接听。第一节课上，小米一直担心小麦会因为迟到被老师批评，导致自己的课也没有上好。直到第二节课结束，小麦才姗姗来迟。

看着小麦丝毫也不着急的样子，小米劈头盖脸对着小麦一通数落："你今天怎么来得这么晚啊，怎么也不告诉我一下帮你请假呢！我都担心死了，

第三章 学会沟通，让青少年在人际交往中游刃有余

你看看，这都已经两节课结束了，你等着看老师怎么批评你吧。而且，你又不是不知道每一节课都是爸爸妈妈花钱买来的，这可是补课啊，你这样逃课，不觉得对不起爸爸妈妈吗……"小麦静静地听小米说着，直到小米把要说的话都说完了，小麦才说："爸爸妈妈已经帮我向老师请假了，我是因为生病去医院才请假的。"小米不由得感到尴尬，半天没说话，良久才说："那你怎么不早点告诉我情况呢？"小麦说："我是想对你说来着，但是你也没有给我机会说啊！"

小米实在是太着急了，说起话来只顾着表达自己的感受，丝毫没有想到应该先问问小麦实际情况如何。这样平白无故责怪小麦，会让小麦也不悦，毕竟本来生病就很难受，而且也已经提前和老师请假，现在却被小米一顿抢白。假如小米在说完第一句话之后能够停顿一下，让小麦回答为何来得这么晚的问题，那么后面的误解也就不会发生。

很多青少年更注重自己的感受，在与人沟通的时候也总是情不自禁从自身的角度出发，毫不留情地批评和指责他人。殊不知，每个人都有自身的特殊情况，既然不了解别人的情况，也就不要随便批评和指责他人，这样才能避免误会的发生。此外，从促进沟通的角度而言，一个人应该主动学习他人的表达方式和技巧，有意识地从他人的身上得到宝贵的经验。尤其是在和陌生人相处的时候，更应该学会倾听。唯有倾听，才能了解他人，也对他人表示尊重。当他人不善言辞的时候，不妨说一些能够引导谈话的内容，从而激发他人的谈兴，这样一来，青少年才能有效地加深对他人的了解，为与他人之间建立良好的人际关系奠定基础，做好准备。

第四章
巧妙说服，
让青少年在社交中如愿以偿

青少年正处于特殊的阶段，他们经过成长，比儿童有所长大，但是还未像成年人那样成熟，因而有人说青少年是孩子们从未成年走向成年的特殊阶段。也因此，青少年的社会交往比孩子们拓宽很多，接触的人和社会也更加复杂。既然与人相处，就一定会产生各种不同的观念。当与别人意见相左的时候，如何说服他人呢？这是青少年要掌握的社交技巧。

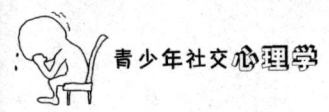

说服他人,要动之以情晓之以理

从心理学的角度而言,要想说服别人并非一件容易的事情。每个人都有自己的观念和想法,当面对别人不同的意见时,很难全盘接受,甚至因为想要实现自己的心愿,青少年会迫不及待想要说服他人,让他人接受自己的观点和意见。实际上,说服是需要技巧的,真正的说服是心服口服,因而只采取强制的手段要求别人接纳是行不通的。所以,说服别人必须动之以情,晓之以理。

所谓动之以情,晓之以理,指的是说服的两个方面。人是感情动物,尤其是在熟悉的人之间,总会存在感情,既然如此,就以感情为突破口,以充满感情的话打动他人的心,这样一来,他人才能心甘情愿地敞开心扉接纳你。如果感情无法起作用,而且对方是理智的人,那么还要晓之以理。当然,这么做的前提是对方与你一样想要达到一个理想的目的,正如人们常说的,这个世界上没有永远的敌人,只有永远的利益,当你们利益一致,说服自然也会事半功倍。当从感情和道理上都成功说服他人,说服工作才算真正到位。在说服他人的过程中,很多青少年都会面临困境,与其一味地强求他人接受自己的观点或者颓废地放弃自己的观点,不如就从这两个

第四章　巧妙说服，让青少年在社交中如愿以偿

方面入手，全方位说服他人，也让他人真正心服口服。

眼看着就要填报高考志愿，小慧和爸爸妈妈之间产生了分歧。原来，小慧最喜欢汉语言文学，所以她的理想是考入北大中文系。实际上，虽然小慧很喜欢中文，但是她是一个全面发展的好学生，在其他学科上也很优秀。为此，爸爸妈妈一直反对她学习中文，而想让她学习理科。爸爸妈妈在传统观念的影响下，始终相信只有学好数理化才是真正的人才。当然，考虑到小慧是女孩，所以爸爸妈妈也同意小慧学习英语，毕竟英语是热门的专业。对于爸爸妈妈的坚持，小慧感到很不理解，因为她最大的心愿就是学好中文，将来成为一位作家，或者是文字工作者。

为了说服爸爸妈妈，小慧采取了各种办法。她先是坚决地告诉爸爸妈妈："爸爸，妈妈，我的理想就是学习中文，我只想考入北大中文系，或者去北师大的中文系。"爸爸妈妈拒绝的态度也很明确："中文是虚的，你必须学会一门实实在在的技能，将来才能在社会上立足。你现在还小，不懂得生存的艰难，爸爸妈妈是过来人，是不会害你的。"对于爸爸妈妈的拒绝，小慧很无奈。既然和爸爸妈妈讲道理讲不通，小慧只好另辟蹊径，她决定从感情上说服爸爸妈妈。小慧对爸爸妈妈说："爸爸，妈妈，你们为什么让我学习理科呢？"听到小慧的态度有所缓和，妈妈马上开始动之以情地对小慧说："小慧，我们都是为了你好，我们希望你未来生活得轻松快乐。"小慧正等着妈妈这么说呢，她也动情地对妈妈说："妈妈，您喜欢现在的工作吗？你在工作过程中感到快乐吗？"妈妈摇摇头，说："我当初都是因为没有机会读更多的书，所以才会耽误了，不得不成为一名工人。"小慧说："对啊，您从事的是自己不喜欢的工作，所以您很郁闷。

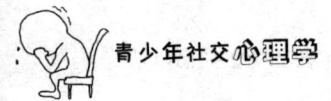

同样的,我也不喜欢理科,难道您想让我也一辈子做自己不喜欢的工作吗?"妈妈被小慧问住了,小慧继续说:"我知道您和爸爸都是为了我好,是为了让我幸福快乐。但是如果你们给的不是我想要的,您觉得我会快乐吗?我只会郁郁寡欢,和您一样一辈子都心有不甘。"妈妈陷入沉思,最终和爸爸商量之后,告诉小慧:"既然你想学习中文,也打定主意不后悔,那么你就去学习吧。"

小慧之所以能说服妈妈,是因为她站在父母为她好的出发点上考虑问题,最终让妈妈意识到,为了孩子好,不是强迫孩子接受父母的安排委屈地过一辈子,而是能够站在孩子的角度思考问题,尊重孩子的喜好和意愿,全力支持孩子过上自己想要的生活。不得不说,小慧对于爸爸妈妈的说服工作是非常成功的,也取得了她想要的结果。

现实生活中,只要人与人相处,就会遇到各种各样的矛盾和争执。当不同的意见出现,最重要的不是立即强迫别人必须接受我们的观点,为了维持良好的人际关系,明智的青少年知道唯有动之以情,晓之以理,才能真正打动他人的心,也才能把每件事情都处理得恰到好处,让别人根本说不出反对的意见。

第四章　巧妙说服，让青少年在社交中如愿以偿

不要强迫他人接受你的观点

每个人都是这个世界上独一无二的生命个体，这也注定了每个人的思想观点、意识形态都是截然不同的，所以人与人之间出现分歧完全是正常状态。反之，如果不同的人总是思想整齐划一，想法不约而同，这才让人感到奇怪呢！很多青少年一旦发现他人的各种观点与自己不同，就会马上陷入抓狂的状态，也因此对于他人意见很大。殊不知，这并非是他人的问题，而是因为青少年没有端正态度，也不曾正确地接纳人与人的不同。

所谓求同存异，正是人际相处的基本原则之一，这个原则告诉我们不要一味地强迫他人接受我们的观点，也不要强迫自己无条件地接受他人的观点。如果事情的发展要求我们必须与他人意见一致，那么这种情况下就要理性地协商。反之，如果事情的发展不要求我们必须与他人意见一致，那么我们与他人可以各自有所保留，而无须强求必须完全一致。所谓求大同、存小异，是很多人在合作过程中应保持的最佳态度。

因为身心发展正处于特殊的阶段，很多青少年不够理智，也非常冲动，所以常常会在与他人相处的过程中陷入困境。实际上，只要端正态度，接纳他人的不同，也允许自己保持独特，青少年就不会这么痛苦。在现实生

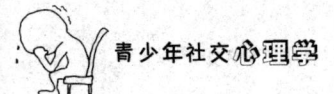

活中，很多事情都不会以人的意志为转移，面对这个纷繁复杂的世界，面对各种超出人力控制范围的人和事情，最重要的是保持端正的态度，坦然接受。

乐乐在学校里报名参加了机器人兴趣班，每次上课的时候，老师都会安排四个同学为一个小组，进行机器人组装和实验。一开始，乐乐和小组里的其他同学合作非常好，他们完成项目的时间总是最快的。渐渐地，乐乐有了自己的观点，与同学们之间也产生了分歧。

有一次，老师布置了一个难度比较大的任务，而且要求大家要在限定时间内完成。老师告诉大家，对于第一个完成任务的小组，将会奖励一盒德芙巧克力。实际上，老师的目的是选拔优秀小组去参加机器人比赛，但是同学们此时并不知情。因此，大家都和往常一样开始组装机器人，也设计机器人的造型。乐乐非常认真，听到老师说要选出第一个完成任务的小组，马上就开始加速行动。小组里其他的成员却不以为然，有的成员还小声说"不就是一盒巧克力嘛，没关系的"。为此，乐乐很着急，不停地催促其他同学加速。

在设计机器人环节，乐乐想出了一个更为奇特新颖的造型，然而，其他同学都觉得太麻烦，想要放弃，还是沿用陈旧的造型改造。为此，乐乐坚持己见，与同学之间发生争执。老师闻讯赶来，问清楚情况之后，说："造型奇特新颖当然好，但是也要考虑到时间成本。毕竟我要求的是速度和质量，如果你们认为全力配合能够兼顾造型和速度，你们就可以去做。如果你们觉得只能保证速度，那么可以做出取舍。现在，不要再因为争吵而浪费时间，否则你们最终速度和质量都会很糟糕。"说完，老师又对乐

乐说:"乐乐,你们是一个团队。你有新的创意当然好,不过也要尊重其他同学的意见,好吗?你也可以保留创意,等到这次小竞赛之后再与同学们练习,这样等到下次课,你们就可以快速完成,而无须再商讨。"乐乐觉得老师说的话很有道理,当即采纳老师的建议,和同学们协商一致,这次先以陈旧造型的改造获取速度上的胜利,然后利用课后时间研究新造型,也提前进行练习。果然,乐乐和同学们全力以赴完成任务,不但获得了巧克力的奖励,还赢得了代表兴趣班和学校参加比赛的机会!

事后,老师笑着对乐乐说:"接下来,老师特别批准你们放学后可以来到机器人教室一个小时,尽情地研究机器人的新颖造型。"乐乐和同学们为此欢呼雀跃。

如果乐乐坚持要在小竞赛的过程中尝试新造型,那么他们一定无法取得胜利。不过,乐乐也是非常聪明的,他马上领会老师的意思,继续全力以赴和同学们完成既定造型。这样一来,他们才能赢得第一,也才能赢得比赛的机会。与此同时,他们为了准备比赛,也获得特权,那就是可以在每天放学后去机器人教室里刻苦钻研造型,这对于热爱机器人的孩子们来说,简直是天大的好消息。

只要在人群中生活,就一定会经历与他人意见不一致的时候。在这种情况下,不要一味地因为意见不同而争执,而应该首先确定要实现的目标,然后再抓住主要矛盾,解决主要矛盾,否则因为情绪冲动而舍本逐末,只会导致事与愿违。

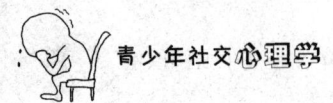

说服要根据对象因人而异

要想说服他人，除了要动之以情、晓之以理之外，还应该深入分析说服对象。毕竟，说服对象是我们最终要说服的人，说服是否有效果也要由他们进行评判。所以，要想让说服的效果立竿见影，首先应该研究说服对象，做到因人而异。举例而言，你要说服一个固执的老人和你要说服一个年幼的孩子，采取的策略一定是不同的；你要说服一个家庭妇女和你要说服一个职业女性，也不能采取相同的说服方法。在现实生活中，每一个人都要与形形色色的人相处，都要学会与各种各样的人打交道，自然，当产生意见分歧的时候，面对的说服对象也截然不同。因而，青少年在说服他人时，一定要坚持因人而异的原则，从而把说服工作做得更加到位，也让说服的效果更加显著。

说服他人的时候，有很多技巧可以使用。首先，要从他人的角度出发考虑问题，从而做到设身处地为他人着想，这样更有利于打动他人的心。其次，不要强迫他人接受你的观点，否则只会导致他人对你心生反感，这样一来，你还如何能够与他人顺畅沟通，并最终说服他人呢？再次，"因人制宜"地说服他人，不但要了解他人的基本信息，更要了解他人的兴趣

第四章 巧妙说服，让青少年在社交中如愿以偿

爱好、职业背景、人生阅历等，从而在深入了解他人的基础上，成功地把话说到他人的心里去。最后，青少年是很容易情绪冲动的，也喜欢从众，因而在说服青少年时，不妨利用随大流心理影响他们，使得他们主动自发地做出相同的选择。总而言之，沟通原本就有一定的难度，要想通过语言的力量去打动他人的心，则是难上加难。任何时候，都不要盲目地企图改变他人，唯有深入了解说服对象，与他人之间有更好的沟通，才能有的放矢说服他人。

大学毕业后，小雅没有马上找到合适的工作，就去推销牛奶。原本，小雅只想以此过渡养活自己，没想到在坚持做下去之后，小雅才发现推销实在是一门有大学问的工作。

刚开始推销的时候，小雅根本摸不到门路，接连几天在外面奔波，却毫无收获。渐渐地，小雅感到气馁，失去信心。这个时候，负责带小雅的师父问："小雅，你每天都在外面跑，有什么感受吗？"小雅愁眉苦脸，说："我总是被拒绝，都感到麻木了。"师父说："这样吧，今天出去推销，我和你一起，让我看看你的问题出在哪里，好不好？按道理来说，牛奶的价格不是很贵，又是日常生活的必需品，所以推销牛奶难度不大。"

就这样，师父和小雅一起出门推销。小雅来到一个小区里，看到有几个妈妈带着孩子正在小区广场玩。小雅走过去询问："您好，请问您需要订购牛奶吗？我们公司是专门生产鲜奶的，所有产品都非常新鲜。"几个妈妈摇摇头，小雅正准备离开，师父问妈妈们："请问，你们现在给孩子喝什么奶呢？"大多数妈妈都不想回答这个问题，只有一个妈妈出于礼貌

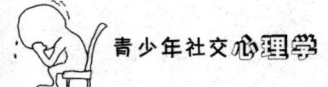

勉强回答:"我家孩子喝的是蒙牛的酸奶。"师父说:"给孩子喝保鲜的酸奶,是更好的选择。这是因为高温杀毒的酸奶,会破坏很多营养成分,保鲜的酸奶在低温之下生产制造,里面的益生菌更多,而且营养成分得以最大限度保留。很多年纪比较小的孩子都有便秘的情况,如果能坚持食用保鲜的酸奶,就能有效改善便秘。"听到"便秘"二字,几个妈妈也七嘴八舌地问了起来:"真的能缓解便秘吗?""多久能见到效果?""我家孩子经常便秘,弄得我很发愁。"师父点点头,说:"的确,我家孩子两岁,也常常便秘。不过,公司里有一款专门针对儿童的酸奶,大概服用3—5天,就能有效缓解便秘。其实,你们都可以试试,毕竟预定一个月的酸奶,不到100元钱,对于孩子的开销而言只是一个很小的数目。如果能够缓解便秘,岂不是很值得?"当即,就有两个妈妈订购了酸奶,还有几个妈妈也留下了小雅的电话,说如果需要就电话预定。

小雅对师父佩服得五体投地,说道:"果然是老将出马,一个顶俩啊!"师父笑着说:"要想说服客户,一定要因人而异。今天我们遇到的都是妈妈,妈妈最关心孩子,而年幼的孩子很容易便秘,如果都是喝酸奶,咱们的酸奶却能缓解孩子便秘,妈妈们当然就会心动。"小雅追问:"如果遇到的是没有孩子的年轻女士呢?"师父笑起来:"当然是美容养颜,消脂减肥啊!而且,酸奶本身就有这样的功效。"小雅对师父竖起大拇指称赞道:"师父,我决定这几天先不跑业务了,我先跟着你,这样才能更好地向你学习。这些经验,可是书本上都没有的呢!"

所谓行家一出手,便知有没有,对于小雅而言,师父的三言两语,就胜过她艰难地摸索。其实,师父对于小雅最大的帮助,就在于告诉小雅如

何说服顾客,毕竟不同的顾客所思所想都是不同的。虽然青少年没有正式步入社会开始工作,但是也在经历从儿童成长为成年人的过程,同样处于社会化的进程之中。

随着年龄的不断增长,青少年面对的不仅仅是同龄人,也不再局限于家里人,而是会接触形形色色的人。为了能够在社交活动中出现意见分歧的时候更好地说服他人,青少年一定要学会区分说服对象,这样才能让说服有的放矢,事半功倍。

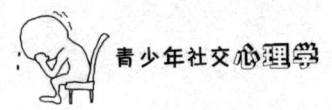

借助权威增强说服力

　　细心的青少年朋友会发现自己有的时候说出去的话根本没有分量,正因为如此,所以他们说服别人的时候面临着重重困难和阻力。实际上,青少年的确面临"人微言轻"的困境,这不是因为他们的身份地位太卑微,而是因为他们年纪小,心智没有完全成熟,再加上缺乏人生经验,因而无法保证自己的很多观点、做法是正确的。在这种情况下,要想说服别人,青少年首先要提升自己的分量,从而让自己说出去的话也变得有分量。

　　要想提升分量,优先的选择就是借助于权威人士的口说出有分量的话。很多人都发现,在影视节目上,那些广告的主角大都是大牌明星。也有一些广告的主角是专业人士,如有一个牙膏的广告,就聘请了口腔专家普及口腔护理的常识。这是为什么呢?口腔专家和大牌明星有什么共同点呢?仅从表面来看,这二者八竿子打不着,但是如果认真仔细地思考就会发现他们都是特定行业内的权威人士。口腔专家无疑懂得口腔护理的知识,所以他们给出的口腔护理意见往往是最专业和权威的,这样一来,人们就会相信口腔专家的推荐,也会主动购买某一款产品。同样的道理,大牌明星的口碑很好,因而对于他们推荐的产品,民众也会选择购买。不得不说,

第四章 巧妙说服，让青少年在社交中如愿以偿

不管是口腔专家，还是明星，企业之所以找他们代言产品目的只有一个，那就是利用他们的公信力来推销产品，有效提升销量。

在说服他人的过程中，青少年如果觉得自己说出去的话轻飘飘的，没有分量，不妨也采取以权威的话说服他人，这样更容易让他人信服。否则，总是一味地强求他人信服，往往事与愿违。

近来，有一件事情让小慧特别苦恼，也不知道该如何解决。原来，小慧在一篇科学普及文章上看到，很多隔夜的剩饭剩菜会产生对人体有害的致癌物质，为此她马上告诉妈妈不要吃剩饭剩菜，在做饭的时候最好控制好量，争取一顿就吃完。对于小慧的说法，妈妈不以为然："你姥姥吃了一辈子剩饭，不也活到九十多岁吗？你要是不喜欢吃剩饭就不吃，我吃剩饭，你也不要管我。"小慧有些着急："妈，我不是嫌弃我自己吃剩饭，而是咱们全家人都不要吃剩饭。只要控制好量，不会剩下多少的，扔掉了也没有那么心疼。否则，总是吃剩饭剩菜，对于全家人的身体健康都不利。"然而，不管小慧怎么说，妈妈依然如故。

过年的时候，爸爸妈妈带着小慧回到爷爷奶奶家里聚会。正巧，小姑带着她医学博士的男友也回来了。闲聊的时候，小慧灵机一动，问："准姑父，我有个问题想咨询呢！"准姑父当然愿意帮助小慧答疑解惑，赶紧表态："你问吧，我乐意回答一切问题。"小慧说："我在一篇文章上看到，说吃剩饭剩菜不好，还会导致癌症，是这样的吗？"准姑父想了想，很认真地从医学角度回答了这个问题，结论就是最好不要吃剩饭剩菜，虽然剩饭菜中的毒素不至于马上致病，但是日久天长，还是很容易导致身体健康出现状况。小慧听到回答，看了看妈妈，妈妈不好意思地说："好吧，丫

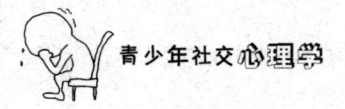

头,你说的是对的。"别人都不明就里,经过妈妈一番解释,才知道原委,也都纷纷劝说以后尽量不要吃剩饭剩菜。

小慧想依靠自己的力量说服妈妈,显然是很困难的,因为妈妈不但有自己几十年的生活阅历,还有长辈几十年的生活经历。幸好在参加家庭聚会的时候遇到了医学博士的准姑父,小慧才灵机一动,以请教准姑父的方式,让准姑父把道理讲给妈妈听。这样一来,妈妈当然会相信科学,也相信医学博士所说的话。

明智的青少年在感受到自己说出的话分量很轻的时候,不会一味地强求别人一定要听从自己的建议,而是会借助于各种机会,利用权威之口说出真理,从而取得良好的说服效果。这种隔山打牛、借力打力的方式,是非常巧妙的,也是事半功倍的。从本质上看,每个人即使能力再强,也不可能成为各个方面的权威人士,那就术业有专攻,把专业的问题交给专业的人解决,才能取得良好的说服效果。

第四章 巧妙说服，让青少年在社交中如愿以偿

利用从众心理说服他人

在心理学上，有一个著名的理论，叫从众心理。仅从字面来了解，不难得知从众心理就是某个生命个体愿意追随众人的表现。在从众心理的影响下，人们很容易受到他人的感召，从而做出与他人相同的选择或者举动。那么在说服他人的过程中，如果能够恰到好处地运用从众心理，就能影响他人于无形。在生活中，从众心理经常发生。举个最简单的例子，有一个人在走路的时候看到路边排着长长的队伍，而且翘首期盼尽快到达队伍的首端，这个人如果从众心理很强，也许就会跟在队伍的末尾排起来，只想等到排到队伍前面的时候一探究竟，而且也可能随便购买某种东西。这就是从众心理对人的影响。强烈的从众心理甚至会战胜人的理智，让人主动自发地做出某种行为。

在说服他人的过程中，青少年也许自身经验不足，学识也有限，所以无法卓有成效地说服他人。在这种情况下，与其一味地强求他人听从自己的建议而不得，不如巧妙运用从众心理，告诉他人在周围有很多人做出了同样的选择，那么他人也可能自主做出相同的选择。在从众心理的影响下，他人在选择之后还会觉得庆幸，因为他们跟上了大部队的节奏而没有掉队。

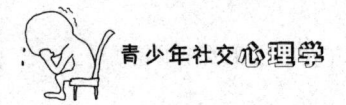

有一天，有一个货郎挑着货物四处叫卖，既有针线等小物件，也有被罩等大物件。反正货郎有两个筐头，就在每个筐头里都放入了一些东西，这样生意才好做。

正值中午，炎热的太阳晒得树叶都蔫了，货郎挑着东西走街串巷，却没什么人出来光顾。后来，有一户人家打开门，女主人问货郎："被罩是什么样的？"货郎当即拿出好几种花色的被罩给女主人看。女主人看了之后，明显露出喜爱的神色，但是她觉得价格有些贵了。这个时候，周围也有几个邻居出来看热闹。货郎看到围观的人多了，也卖得更加起劲，对女主人说："大姐，这个被罩可不贵。昨天我来的时候，就从你家门口朝前走，最前排那排第一户人家还买了两床呢！"女主人当然认识那户人家，都在一起居住，谁不认识谁呢？为此，她有些心动了。她说："你便宜点儿吧，给我个最低价。"货郎有些激将："我便宜到最低价，你也不一定买啊！"女主人有些恼怒，说："你要是20元一床，我就买五床，给你一张红票子。"货郎表现出为难的样子，思忖良久，说："你真的买五床？"女主人气鼓鼓地说："当然。你不是说便宜了我也买不起吗，我就买五床，看你能不能给便宜吧！"周围的邻居也跟着起哄，后来，货郎同意20元的价格，女主人真的买了五床。虽然女主人也很心疼钱，但是想到前排的邻居都买了，她也当然不能落了后，还买得更多呢！

在这个事例中，看起来是女主人逼着货郎把价格降低，实际上是货郎无形中使用了激将法，让女主人产生从众心理，因而毫不犹豫地购买了五床被罩。也许货郎不知道什么叫作从众心理，更不懂得所谓的心理学，但

是他很清楚有些人喜欢攀比，有些人喜欢跟风，在这两种思想的影响下，人们很容易有随大流的行为出现。

青少年在说服他人的时候，如果觉得自己的说服没有效果，不妨就以周围人做出的举动来给当事人树立榜样，尤其是当周围人都是当事人所熟悉的，当事人就会产生更加明显的从众心理，不知不觉间就做出从众行为。人是群居动物，每个人都在人群中生活，很难不受周围人的影响。当把从众心理利用到最好时，青少年就会卓有成效地说服他人，也最终达到自己的沟通目的。

第五章
开疆拓土——
成长不孤独,青少年要主动结识新朋友

　　每个人一生中都需要朋友的陪伴,青少年正值生长发育的特殊时期,更需要朋友的陪伴,也需要在与朋友相处的过程中证明自身存在的价值,找到归属感和安全感。为了驱散孤独的阴云,青少年一定要主动结识新朋友,才能在成长过程中不孤单、不寂寞。

找准话题,学会与陌生人搭讪

很多青少年都特别腼腆,尤其是在面对陌生人的时候,他们往往不知道如何与陌生人交流,更不知道怎样才能与陌生人成为朋友。的确,常言道人心隔肚皮,面对一个毫无了解的陌生人,要想把话说到他人的心里去,是很难的。通常情况下,人们对于自己感兴趣的话题会更愿意说起,因而青少年可以说些他人感兴趣的话题,从而对与他人的交谈起到积极的推动作用。看到这里,也许有些青少年会很困惑:对方是陌生人,我怎么知道他对什么感兴趣呢?的确,这是个问题。如果提前对对方有所了解,可以说起对方感兴趣或者熟悉的话题;如果此前对对方没有任何了解,那么就要在交谈的过程中根据对方的反应情况,及时判断对方到底对那些话题感兴趣。

除了要通过兴趣爱好找准话题之外,还可以根据对方的身份特点寻找话题。例如,对方是小孩子、对方是老人、对方是老师,他们所感兴趣的话题都是截然不同的。对于同龄的陌生人,青少年最为了解,因为青少年感兴趣的东西都在一定的范围内,而且内心的所思所想也非常接近。在因人而异的基础上,青少年更容易与对方攀谈起来。

第五章 开疆拓土——成长不孤独，青少年要主动结识新朋友

搭讪是需要勇气的，对于外向的青少年而言，也许搭讪还没有那么难；但是对于内向的青少年而言，搭讪则往往需要巨大的勇气。实际上，与人搭讪完全没有必要那么紧张，因为搭讪的成功率不可界定，陌生人之间不可能一次性建立深厚的感情，既然如此，就不要对于结果有那么强烈的期望。搭讪是一个逐渐熟悉的过程，要循序渐进，不要期望一蹴而就。

周末，爸爸妈妈带着乐乐去游乐场玩。玩了几个疯狂的项目之后，乐乐坐在休息区域休息，也顺便吃点儿东西补充体能。在休息的间隙，乐乐看到隔壁座位上坐着一个和他年纪相仿的男孩，那个男孩显得怯生生的。乐乐想："要是有一个同龄人一起玩也不错，那个男孩看上去对游乐场并不熟悉，我何不和他一起结伴玩耍呢？说不定，我还可以给他当个向导呢！"

想到这里，乐乐和男孩搭讪："嗨，你的玩具枪很酷，是从哪里买的？"原来，男孩脖子上挂着一把精致的玩具枪，这个枪看起来金光闪闪，而且各个部件都是按照比例制造的。听到乐乐问自己的玩具枪，男孩一扫羞怯，马上骄傲地回答："这是我爸爸给我买的，花了很多钱呢！应该是在卖玩具的地方买的吧，我觉得。"乐乐笑起来，说："这附近的商场里有好几家玩具店，你去过吗？"男孩摇摇头。乐乐又问："你喜欢玩什么项目？"男孩羞怯地说："有的项目很危险，我不敢玩。我想去摩天轮呢，但是摩天轮实在太高了，我有点害怕。"乐乐鼓励男孩："没关系的，摩天轮虽然高，但是很平稳。我也准备玩摩天轮，还准备玩激流勇进，你想和我一起吗？"男孩点点头。就这样，乐乐和男孩一起玩起来，很快，他们就从陌生到熟悉，到晚上要离开游乐场的时候，

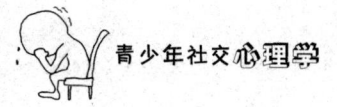

他们俨然成为朋友。

在这个事例中,乐乐之所以能够成功与男孩搭讪,也消除男孩的羞怯,是因为他的切入点掌握得非常好。乐乐看到男孩脖子上挂着玩具枪,就从玩具枪入手,与男孩攀谈起来。的确如同乐乐所想的一样,男孩一提起枪,就一扫羞怯,马上骄傲地回答乐乐的问题。就这样,乐乐又接连问了男孩几个问题,渐渐地消除了男孩的陌生感和隔阂感,也成功地与男孩成了伙伴,一起结伴游玩。

在与陌生人搭讪之前,要学会观察,这样才能有效地捕捉到对方感兴趣的信息和话题,从而顺利地展开交谈。如果不知道对方对什么感兴趣,也可以从最简单的问题说起,就像英国人见面总是喜欢谈论天气一样,中国人见面喜欢问吃了吗,青少年见面也可以说说特定年龄段感兴趣的话题。例如,最近看了什么电影或者书籍,进行了哪些有意义的活动,这都是与人攀谈的好话题。只要成功搭讪,就相当于迈出了交朋友的第一步,这对于青少年扩大社交圈子,结识更多的朋友,当然是有很大好处的。

结识生命中的贵人，拓展人脉资源

在现实生活中，一个人即使能力再强，也不可能满足自身生活的全部所需，在遇到某些特殊问题的时候，也不得不求助于他人。正因如此，人们才说多个朋友多条路，多个敌人多堵墙。青少年刚刚步步入社会，一定要多结交朋友，才能在成长的过程中不寂寞。有的时候，某些朋友说不定就能在关键时刻帮助到青少年，也助力他们的成长。

也许有些青少年会说：我们不知道什么人才是贵人？其实，所谓的贵人只是一种说法，指的是对青少年有所帮助的人。在结交朋友的时候，不要怀着急功近利的思想，而是要以友好的心态面对朋友。这样一来，才能拓展人脉资源，也才有助于青少年的社会交往。

在和爸爸一起参加公司年会的时候，乐乐认识了一个国际友人——爸爸同事的孩子，他和乐乐年纪相仿，叫凯奇。一开始，乐乐和凯奇沟通起来比较困难，因为凯奇说一口纯正的美式英语，乐乐根本听不懂。又因为乐乐说中文，所以凯奇也不能完全听懂乐乐的话。就这样，他们只能相互比画着交流。

升入六年级之后,眼看着就要参加小升初考试,乐乐不由得着急起来。因为有一些名校在录取的时候,都有英语口语测试。为了提升英语能力,乐乐决定和凯奇结对成立互帮互助小组,他帮助凯奇学习中文,凯奇则和他一起练习英文。趁着暑假,凯奇索性住到乐乐家里,每天和乐乐一起生活学习,还可以吃到乐乐妈妈巧手做出来的美味中式饮食,凯奇简直太开心了。一个暑假下来,乐乐的英语取得了突飞猛进的进步。后来,开学了,凯奇回国了。不过,乐乐还是经常利用清晨的时间,和凯奇进行视频通话。结果,小升初的时候,乐乐以一口流利纯正的美式英语赢得了面试官的认可和赞许,顺利进入自己心仪的外国语中学。

在这个事例中,乐乐结识凯奇之初,也许只是因为他和凯奇都是陪着爸爸参加年会的小朋友,同龄人自然更具有吸引力,因而他们也彼此亲近,尽管语言不通,也很快就玩到一起去。后来,乐乐因为要备战小升初,继续提升英语水平,所以想让凯奇帮助自己。凯奇呢,很乐意陪着乐乐练习口语,也愿意跟随乐乐一起学习汉语,为此他们一拍即合,彼此帮助。就这样,他们都成为对方生命里的贵人,给对方带来更多的快乐,也帮助对方取得更大的进步。

青少年一定要拓展人脉关系,结识更多的朋友,丰富人脉资源。唯有如此,他们在成长的过程中才不会寂寞,遇到仅凭一己之力无法解决的难题时,也才能得到朋友的倾力帮助。这样的互帮互助,对于青少年的成长有很大的好处,也是不可替代的成长助力,能够卓有成效地帮助青少年成长和进步。

第五章 开疆拓土——成长不孤独，青少年要主动结识新朋友

以兴趣作为友谊的红娘

人生最大的幸运是什么？从友谊的角度而言，是得到真正的知己；从成长的角度而言，是拥有志同道合的朋友。对于青少年来说，因为各方面的能力和心智发育都不够成熟，因此想要得到知己还为时尚早，最重要的是要以兴趣作为着眼点，结交志同道合的朋友，这样友谊才能更加长久，青少年也才能携手并进，共赴美好的未来。

有人说，兴趣是最好的老师，在兴趣的指引下，青少年可以在选定的道路上走得很远。从友谊的角度而言，兴趣也是最好的红娘，志趣相投的青少年很容易走到一起，玩得不亦乐乎，也在玩的过程中培养深厚的感情。实际上，兴趣不但是老师，是红娘，也是青少年在成长过程中的精神寄托。青少年正处于学习的关键时期，常常需要通过学习来提升自己的能力，也要通过学习不断进取。当承受过大的学习压力、感到心力交瘁的时候，如果能全心全意做自己感兴趣的事情，就可以有效地减轻内心的压力，从而

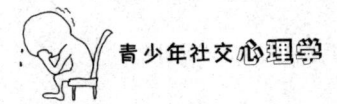

养精蓄锐,再接再厉。尤其是有相同兴趣的朋友一起做伴时,更是一件让人高兴的事情。

乐乐最喜欢做的事情就是玩电脑游戏。不过,爸爸妈妈对于乐乐的引导很成功,乐乐从未因为玩电脑游戏影响过学习,也没有沉迷于电脑游戏。他是有节制地玩电脑游戏,可以控制好时间,也会合理安排好其他的事情。

每到玩游戏的时间,乐乐就会在网络上玩游戏,虽然看不到电脑那端陌生的人,但是乐乐和他们玩得不亦乐乎。不过,乐乐最大的心愿就是有一天可以和熟悉的同学、朋友一起玩游戏,这样就会产生更好的互动。这样的机会很快到来了。有一天,乐乐和爸爸一起参加聚会,在聚会上,几个家庭的孩子都聚集在一起。大人们吃饭唱歌玩得不亦乐乎,孩子们却有些无聊,也没有玩具可以玩。正在这时,爸爸灵机一动:"乐乐,你不是喜欢玩游戏吗?问问其他人是否爱玩,如果爱玩,你们就可以用笔记本电脑连线玩游戏啊!"这当然是个好主意,马上得到了孩子们的一致响应。几个爱玩游戏的男孩马上开始行动,还有两个女孩在一旁观战和学习。很快,女孩们也掌握了玩游戏的方法,加入其中玩起来。直到父母们都玩累了,孩子们还兴致不减呢!后来,几个孩子约定每到周末就抽出半天时间一起上线,痛痛快快玩游戏,其他时间则专心致志学习,绝不因为玩游戏而耽误学习。没过多久,原本只是认识的孩子们,就成为志同道合的好朋友,不但一起玩游戏非常默契,而且在学习上也互相帮助,共同进步。

兴趣就像友谊的红娘,能让彼此陌生或者不太相熟的孩子变得熟悉和亲近起来。这是因为他们有共同的兴趣、共同的话题,也有共同的经验和

感受。事例中，乐乐和爸爸其他朋友的孩子们在短时间内就玩到一起，正是兴趣在发挥重要的作用。

当然，乐乐爱玩游戏，而且能够有节制地玩游戏，也把游戏玩得很好，与父母的有效引导是分不开的。很多父母一听到网络游戏就如临大敌，总觉得游戏是吃人的恶魔，很容易就把人引入歧途。其实不然，一味地禁止孩子玩游戏，并不能让孩子对游戏死心，反而会激发起孩子的逆反心理，导致孩子对游戏更感兴趣。适度地管理和控制孩子，既让孩子保持在正轨上，也让孩子有时间去休息和娱乐，这才是正确的教养之道。对于孩子的成长而言，兴趣是非常重要的，不但能够让孩子与人沟通时有话可说，也可以让孩子在快乐的氛围中学习。孩子既能自主地学习，又能拥有良好的人际关系，是非常值得父母骄傲的。

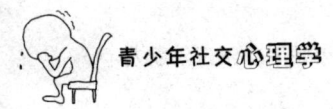

掌握友谊的正确打开方式,避免产生误解

现代社会,坏人实在太多了,最可恶的是人贩子居然利用孩子作为诱饵去引诱其他孩子上当受骗,所以如今防范坏人不但要防范成人,也要防范孩子。青少年正处于好奇心强烈的时期,在这个时期里,父母一定要监护好青少年。尤其要提高青少年的警惕心理,避免青少年轻易相信他人。

当然,换一个角度而言,作为青少年,在结交朋友、与陌生人搭讪的时候,也要掌握友谊的正确打开方式,而不要过于鲁莽,否则就会给他人留下恶劣的印象,甚至会引起他人的警惕,怀疑热情的青少年是个图谋不轨的坏人。所谓友谊的正确打开方式,指的是搭讪的方法要恰当,不要过于轻浮,以免引人误解。男孩要彬彬有礼,谦虚低调,才能给人留下绅士的印象;女孩要端庄稳重,落落大方,让人不敢心生邪念。当给他人留下好印象之后,在最初进行交往的时候也要非常用心,而不要三心二意。友谊的建立原本就是一个漫长的过程,维护友谊更需要每个人全力以赴,付出长期的努力。青少年要学会浇灌友谊之树,让友谊之树常青,让友谊之花常开,才能确保友谊更加坚固稳定,进而从友谊中得到更多的成长养分。

第五章 开疆拓土——成长不孤独，青少年要主动结识新朋友

小黑真是人如其名，是个脸黑黑的大男孩，又因为长得强壮，所以才十五岁的小黑常常被人误以为已经十八九岁了，在和同龄人相处的时候，也总是无意间就引起同龄人的警惕。

有一次，小黑看电影的时候，看到相邻的座位坐着一个女孩，因而向女孩问候："你好。"女孩看着小黑，笑了笑，赶紧正襟危坐准备看电影。电影还没开始呢，小黑又问女孩："你上几年级了？也是自己来看电影的吗？"女孩冷淡地回答小黑："对不起，我不认识你。"小黑这才意识到自己可能招人警惕了，因而赶紧自报家门："我也是一个人来看电影，我是三小五升六的小学生。"女孩说："你看着可不像五年级啊！我是六年级的，但是我以为你是初三学生。"小黑忍不住笑起来，说："这都怪妈妈把我生得太黑，让我看上去就像黑脸关公，总是被人误解。"女孩也笑起来："哈哈，这样至少坏人不敢对你下手了。"电影开始后，小黑安安静静坐着看电影，影片结束，女孩对小黑说："我是你的学姐哦，我也是三小的，我考入外国语中学了。你也加油！"小黑点点头。

在这个事例中，年纪很小但看上去比实际年龄大好几岁的小黑，很容易让同龄人产生警惕心理。在这种情况下，与其先询问他人的情况，引起他人的警惕，还不如自报家门，积极打消对方心中的疑虑，也让对方更加放松，愿意与小黑攀谈。当然，这只是针对同龄人的做法，如果小黑独自面对陌生的成年人，就要减少说话，从而保护好自己。即使真的被搭讪，也不要把自己的情况和盘托出，因为对于坏人而言，越是年纪大的孩子，他们越是忌惮，因为年纪大的孩子有更强的自我保护意识和自我保护能力，

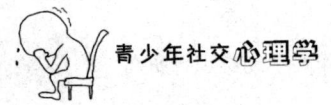

所以他们不会轻易对年纪更大的孩子下手。

多交朋友当然是好事，但是要在保证安全的情况下，再打开心扉对待他人。很多人总是颠倒事情的顺序，觉得必须敞开心扉，才能交到朋友。其实不然。尤其是对于青少年而言，觉得自己已经长大了，可以应付很多突发的情况，实际上，青少年的心理发育不够成熟，人生经验也很匮乏，所以最需要做的是保护好自己，而不是天不怕地不怕，导致危险降临。此外，在与他人搭讪的时候，也要以真诚和友好作为敲门砖。记住，一定要彬彬有礼，既展示你的良好形象，也彰显你的素质和涵养，这样才能成功地打动他人的心，与他人之间建立良好的关系。

第五章 开疆拓土——成长不孤独，青少年要主动结识新朋友

让他人拥有优越感

在与人交往的过程中，展示自身的优势，给他人施加压力，甚至让他人感到自惭形秽，的确能让我们拥有优越感。然而，没有人愿意在一段关系刚刚开始的时候就感到压抑，所以真正聪明的人在结识某个人的时候，不会一味地展示自己的优势，而是会有意识地把优越感让给他人，让他人拥有优越感，在即将开始的关系中感到轻松惬意。

要想把优越感让给他人，青少年就要学会示弱。现代社会，很多青少年都是独生子女，习惯了接受父母无微不至的照顾和呵护，也习惯了凡事都占据优先，因而不知不觉间就会形成以自我为中心的想法。殊不知，你是独生子女，别人也是独生子女，换而言之，即使别人不是独生子女，也不愿意被你比下去。所谓的优越感对于人际交往有什么好处呢？除了给他人带来不好的情绪和感受之外，对于人际交往没有任何好处。既然如此，青少年就要学会适度示弱，从而把优越感让给他人，也顺利地建立良好的人际关系。

在人际交往中，最大的忌讳就是一个人只顾着自己高兴，而完全不在乎他人的感受。如果不能维持他人的心理平衡，不能保护好他人的自尊，

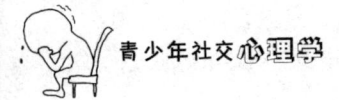

这段关系是很难有效持续下去的。此外,木秀于林,风必摧之,青少年如果在人群中风头太盛,还会导致与他人的关系紧张,甚至在不知不觉间就受到他人的攻击。要想保护好自己,也给予他人良好的交往体验,青少年就要学会示弱,从而赢得他人的理解和同情,也得到他人的全力帮助,最终顺利地完成社交活动。

大学毕业后,小丽应聘进入一家大公司当文员,和她同期进入公司的,还有一个叫依云的女孩。接触几天之后,小丽知道依云毕业的学校名不见经传,心里难免就看轻了依云。每当有机会聊天的时候,小丽总是提起自己毕业于名牌大学,依云也总是低下头,不知道该如何对答。在这样的比较中,小丽的优越感越来越强,依云却发疯一般地工作,希望凭着能力得到上司的认可和赏识。而且,依云对于小丽的态度也渐渐发生转变。一开始,依云觉得自己和小丽都是新进职员,为此常常和小丽结伴而行。在被小丽以学历奚落之后,依云发挥自己善于社交的优势,很快就和老同事们打得火热,而把小丽晾在一边。

不到半年,公司因为受到经济危机的影响,开始精减人员。老总想在小丽和依云之间留下一个人,就争取老员工的意见。老员工们一致认为小丽虽然毕业于名校,但是恃才傲物,眼高手低,在工作上并没有突出的表现。而依云恰恰相反,依云毕业的院校尽管名气不大,但是她脚踏实地,总是把每一件工作都做好,而且还会利用空闲时间帮助其他同事。就这样,小丽在与依云的竞争中败下阵来,依云依然在公司里工作,小丽却不得不面对再次四处奔波找工作的困境。

小丽输在哪里了？她不但在依云面前表现出优越感，在很多老同事面前也表现出优越感，所以才导致在民意调查中失败。依云的做法和小丽恰恰相反，她怀着谦虚的态度向老同事请教，总是能够得到老同事的倾力帮助，在此过程中也成功地赢得了老同事的认可，可谓一举两得。

明智的青少年，不会以自己的优点和他人的缺点进行比较，否则就会让他人的内心失去平衡。相反，他们面对自己真正的、不打折扣的优点，也会更加强调外部因素的影响，从而让自己显得没有那么优越。在诉说自己在某些方面的优势和特长时，他们还会讲述自己坎坷的经历和所遭遇的磨难，这样不至于让别人误以为他们的成功是一蹴而就的，从而获得心理上的平衡。除此之外，这样的表达还能激发起他人的上进心，那么青少年就可以与他人一起进步，相互激励。

有些青少年自尊心很强，一旦遇到强者，他们就会表现出优势，目的在于赢得强者的尊重。殊不知，同情弱者是人的本能，所以在遇到强势对手的时候，如果不想以硬碰硬，导致人际关系恶化，青少年应该表现出自己的弱势，这样才能得到强者的同情与帮助，也可以让社交活动顺利展开。当然，如果遇到弱者，就更不要展示优势，否则会给弱者强大的压力，甚至导致弱者逃之夭夭。总而言之，明智的青少年会摆正自己的位置，以正确的心态对待他人，而不会盲目地自以为是，更不会妄自菲薄。他们不卑不亢，让自己和他人都觉得非常舒服，也愿意彼此建立关系，维持友谊。

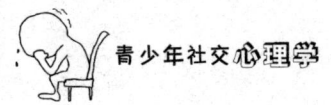

以亲和力打开他人心扉

在亲和力方面,女孩显然比男孩拥有更多的优势。这是因为女孩天生就性格柔和、善解人意,也能理解和体贴他人。因而,在社会交往中,女孩可以发挥自己在这个方面的优势,从而有效地打开他人心扉,与他人建立友好的关系。

所谓亲和效应,指的是在社会交往中,人们因为彼此有共同点或者某些相似之处,因而更加喜欢接近对方。不得不说,这样的人是彼此吸引的,那么,到底是什么在吸引他们呢?这就是亲和力。尤其是在与陌生人相处的时候,亲和力会发挥更大的作用。如果没有亲和力,人们会彼此疏远,内心始终存在隔阂。由此可见,拥有亲和力也就相当于掌握了打开他人心扉的钥匙,可以瞬间拉近与他人之间的距离,也让人际关系顺利建立,良性发展。

朱莉正在读高中,为了增加社会体验,趁着暑假,爸爸妈妈安排朱莉去一家商场里当促销员。众多促销员里,朱莉一看就满脸稚气,为此,她也显得与他人格格不入。这样工作了一天下来,朱莉感到别扭极了,

第五章 开疆拓土——成长不孤独，青少年要主动结识新朋友

因为她觉得自己就像是一个局外人，被很多人排斥。如何改变这样的局面呢？思来想去，朱莉决定从促销员里的小队长——倩倩身上着手。

倩倩是湖南人，特别喜欢吃辣椒。有一次吃午饭，大家都点了微辣的黄焖鸡，倩倩却特别和老板强调要超辣的黄焖鸡。为此，朱莉假装不知情地问："倩倩姐，你是哪里人啊？这么能吃辣呢！"倩倩回答："全国最爱吃辣椒的，湖南人首屈一指。我就是湖南人，在老家我们都是无辣不欢的。"倩倩夸张地回答："啊，你居然是湖南人。我妈妈也是湖南人，看来咱们是老乡啊！不过我吃辣的本领还不够，还要好好练习。"听说朱莉妈妈也是湖南人，倩倩对朱莉非常感兴趣，她们很愉快地攀谈起来。次日，朱莉特意给倩倩带了妈妈亲手制作的臭豆腐，她对倩倩说："倩倩姐，现在外面做的臭豆腐都不敢吃了，太脏。这是我妈妈亲手制作的，你尝尝味道是否正宗。"才吃了一口，倩倩就感动不已："是我的家乡味道呢！太正宗了！改天，我一定要去你家尝尝阿姨的手艺，她一定会做很多家乡菜吧！"朱莉点点头："当然欢迎，我妈妈对老乡特别亲呢！"

就这样，以湖南作为情感的联结点，朱莉成功地和倩倩攀上关系。后来，在倩倩的带动下，大家对朱莉越来越亲近。一个月的实习期结束，大家都舍不得朱莉了呢！

对于朱莉而言，突然从学校的环境进入社会的环境，也突然从熟悉的环境进入陌生的环境，她需要好好适应一番。一开始，她的确感到自己无法融入团队之中，也因此感到非常郁闷。幸好她很聪明，看准团队里的核心人物——倩倩，对倩倩展开积极的攻势，以湖南作为情感联结点，顺利打开倩倩的心扉。有了倩倩的带头作用，其他人对于朱莉也变得熟悉和亲

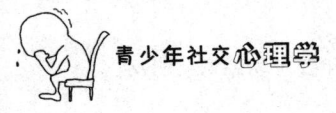

近起来。

  首先，女孩天生就有亲和力，在心理学上，也称亲和效应，就是要营造与他人亲密无间的氛围。当然，要想拉近与他人的距离，和他人变得亲近，也需要掌握技巧。事例中的朱莉，就利用了湖南作为共同点，顺利打开倩倩的心扉。当然，共同点未必是有同一个家乡，也可以是毕业于同一所学校，曾经在同一个城市里生活，或者吃过相同的东西，读过同一本书，看过相同的影片，这些都可以作为共同点，以此拉近与他人的关系，也成功激发起他人的谈兴。

  其次，在与他人沟通的过程中，细心的青少年会意识到，使用不同的称谓也会获得不同的效果。例如，很多人唯我独尊，他们最喜欢说的就是"我"，这是因为他们处处强调自己的立场和观点，而不太在乎他人的所思所想。一个人如果心中有他人，也在乎他人的感受，就会更多地使用"我们""咱们"这些具有共同意味的称谓，从而无形中就拉近与他人的关系。

  最后，为了让他人打开心扉，青少年还可以利用心理学上的互偿心理，主动向他人倾诉自己的一些隐私，从而让他人也主动对青少年倾诉秘密。这样一来，彼此交换秘密的两个人当然会更加亲近，内心的距离也会无限缩小。可想而知，当两个人真正掏心掏肺时还会感到疏远吗？虽然很多男孩的亲和力没有女孩的亲和力强，但是如果能够运用上述的亲和技巧与他人相处，同样可以顺利打开他人的心扉，赢得他人的尊重和信任，也顺利地与他人建立亲密无间的人际关系。

第六章
以恕己之心恕人，才能给朋友更宽容的相处空间

　　不同的星球在宇宙里运行，原本每个星球都在自己既定的轨道上，突然有一天，出现了一颗彗星，它的轨道与其他星球不同，而且也会因为各种原因改变轨道，在这种情况下，撞击在所难免。人与人的相处也是如此，每个人都是宇宙中的一颗星球，然而，人的运行轨迹可不像星球那么固定，人的变动性更大，也常常因为各种原因脱离原来的轨道。当人与人之间发生矛盾和摩擦甚至争吵和殴打时，一定要掌握原则处理好问题，否则就可能失去朋友，让自己变成孤家寡人。

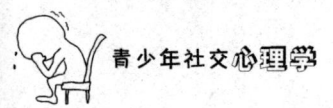

宽容他人，就是宽宥自己

人非圣贤，孰能无过，在这个世界上，大概只有上帝不会犯错，但是上帝是否真的存在还未可知。既然我们不能保证自己不犯错，也就不要对他人的错误揪着不放。很多时候，他人犯错不是故意，而是无意，也有可能纯粹出于无奈。为了与他人搞好关系，我们一定要有一颗宽容的心，才能在他人犯错的时候，想到自己也有可能犯错，以恕己之心恕人，经营好人际关系。

曾有一位名人说过，生气就是用别人的错误来惩罚自己。从自身的角度出发，我们也要远离怒气，古人云，气大伤肝，生气对于每个人的身体健康和情绪稳定都没有好处。当我们长久地沉浸在气愤之中，就会导致内心郁郁，而此时此刻，那些伤害你的人或许根本不把对你的伤害放在心上，那么生气也就成了自己惩罚自己。从这个角度而言，宽容他人，就是宽宥自己，每个人唯有胸怀开阔，最大限度调整好心态和情绪，才能主宰情绪、驾驭情绪，不被愤怒冲昏头脑。

有一天，妈妈正在厨房里做饭，乐乐突然冲进家门，同时口中不停地

喊道:"气死我了,这个可恶的马品宣,我和他再也不是好朋友了,永远也不是。"妈妈刚刚抬起头,还没有来得及询问情况呢,乐乐就冲入卧室,猛地把门关上。关门的声音很大,把妈妈吓了一跳,妈妈原本想批评乐乐,一想到乐乐正在气头上,因而决定继续做饭。

吃饭的时候,妈妈也装作若无其事的样子,没有主动询问乐乐。乐乐对妈妈说:"妈妈,今天我快被马品宣气死了。"妈妈:"哦,为什么呢?你和他不是好朋友吗?"乐乐说:"是啊,就因为我们是好朋友,我才这么生气。要是其他同学做出对不起我的事情,我还不生气呢!"爸爸看到乐乐说得一本正经,未免觉得好笑,问:"到底是什么事情,居然这么严重?"乐乐回答:"我曾经把一个秘密告诉马品宣,他说好要帮我保守秘密的,没想到才几天过去,我的秘密就满天飞,不但我们班级里的同学在谣传,就连其他班级的同学都对此议论纷纷。"爸爸同情地说:"这的确很糟糕。不过,事情既然已经发生了,要想一想怎么弥补才好。"乐乐说:"还能怎么弥补呢,我只能承受。不过,我后来认真想了想,这个秘密也没有那么重要。而且,自从马品宣把我的秘密说出去之后,我的内心变得轻松了,这大概就是因祸得福吧!"妈妈说:"的确,有的时候守住秘密是很辛苦的事情,你能这么想就太好了。不过,我觉得你要是能做到不生气,那就更好了。"乐乐想了想,说:"现在让我不生马品宣的气还很难,我认为还需要过一段时间吧!"爸爸开导乐乐:"事情已经发生,没有办法挽回,如果你继续生气,扰乱自己的心情,你会损失更加惨重。"乐乐觉得爸爸说得很有道理,因而点点头:"好吧,为了阻止马品宣继续伤害我,如果他明天主动找我说话,我就原谅他。"看着脸上神情释然的乐乐,爸爸妈妈才放下心来。

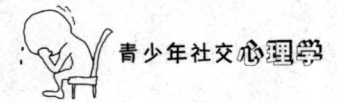

生气是用别人的错误来惩罚自己，偏偏有的人不但接受惩罚，还把这份惩罚无限延长下去，导致自己心力交瘁，疲惫不堪。实际上，很多事情并没有我们想象得那么严重，尤其是当对方对我们的伤害完全处于无心的时候，我们就更应该释然，要尽快地消除愤怒，恢复理智。

青少年正处于青春期，情绪很容易冲动，在遇到问题的时候也容易陷入极端的思维怪圈，无法有效地说服自己。其实，要想及时停止愤怒也很容易，那就是时刻牢记"生气是用别人的错误惩罚自己"，那么你还愿意成为对手的帮凶，继续帮助对手完成对自己的伤害吗？如果不想，就宽容对手，也宽容自己，让自己怀着愉快平静的心情面对生活，尽情享受生活。

第六章　以恕己之心恕人，才能给朋友更宽容的相处空间

学会遗忘，不要总是牢记他人的过错

　　清朝的大才子郑板桥说，难得糊涂，这句话一直流传至今，告诉我们生活并不总是顺心如意的，命运甚至常常会与我们开残酷的玩笑，导致我们措手不及，也对命运无言以对。在日常生活中，牙齿还会碰到舌头和嘴唇呢，更何况是人与人之间呢？不同的人相处，总是会出现各种各样的问题。当问题发生之后，先不要急着抱怨和推脱责任，更不要始终牢记他人的过错，而是要积极地解决问题，然后遗忘他人的过错。看到这里，也许很多青少年朋友都会感到困惑：为何要遗忘他人的过错呢，这样还如何找机会报复别人呢？从心理学的角度而言，假如仇恨一直在你的心里，你的心就会被仇恨填满，你的人生也会因此陷入困顿之中无法自拔。而遗忘，不但是原谅他人，更是宽宥自己，能够让我们在遗忘之后满心轻松地面对未来的生活。这不但是对他人的利好，更是对自己的绝对利好。因而明智的人从来不抱怨，更不会以牢记怨恨的方式始终让伤害存在。

　　青少年在社会交往中，难免会受到伤害，也常常不知不觉地伤害他人。伤害总是相互的，要学会遗忘，唯有及时忘记这些伤害，青少年才能在人生的道路上轻装上阵，愉快前行，也才能更加有效地提升心理素质，让自

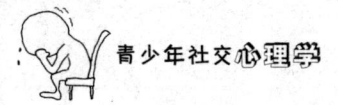

己变得心胸开阔，人生也随之豁达起来。

很久以前，有个年轻人大学毕业刚刚步入社会，就在人际交往中接连碰壁。他不知道如何才能调整好心情面对这一切，只好去深山里，向得道高僧求助。他告诉高僧："我不知道自己是怎么了，总是受到他人的伤害。工作第一天，我好心好意帮助一个同事做报表，结果因为出了一点小小的错误，就被老板劈头盖脸一顿数落。拿到第一个月的工资，朋友非要让我请吃饭，这是我辛辛苦苦挣来的钱，为何要请他们吃饭呢？我喜欢同办公室的一个女孩，但是并没有表白，只是在工作中相互帮助而已，有一天，她的男朋友莫名其妙冲到办公室，对着我一顿拳打脚踢，我浑身是伤，颜面全失……我想，我是不是不适合在这个社会上生存，才总是这样被动，也常常陷入困境中无法自拔呢？"对于年轻人的倾诉，高僧什么都没有说，而是长叹一声，拿出一个箩筐，对年轻人说："背上箩筐去后山，路上把你认为值得收藏的石头放入箩筐里。"

后山上景色优美，年轻人一边爬山一边捡石头，觉得心旷神怡。然而，随着不断地前进，石头越捡越多，他渐渐感到疲惫，也走不动了。他好不容易才坚持到山顶，正在气喘吁吁之际，看到高增已经在山顶等着他呢！高僧对年轻人说："现在下山吧。每走一个台阶，就扔掉一块石头，我在寺庙里等你。"年轻人纳闷极了："刚刚让我边上山边捡石头，现在又让我边下山边扔掉石头，高僧的葫芦里到底卖的是什么药呢？"然而，他还是按照高僧说的去做了。结果，下山的路走得越远，他越觉得轻松，最终他的箩筐里空空如也，他也悠闲地回到寺庙里。

高僧对年轻人说："你心中的怨恨就像这石头，如果你只知道捡起来，

而不知道扔下去,那么它们最终会把你压死。对于仇恨和伤害,你要学会遗忘,当你带着明媚的心对待他人,你也会得到他人的善待。"年轻人恍然大悟,回到公司,他再也不想那些不开心的事情,而是看到同事们的优点。渐渐地,他的心态改变了,他爱上了自己的工作,也喜欢上了每一位同事。

正如高僧所说,人生禁不起负重前行,尤其是不要背负着仇恨前行,否则仇恨只会越来越多,最终导致我们的心彻底被毁灭。明智的人对于人生会有选择地记忆,他们记住生活中美好的事情,遗忘生活中不好的事情,最终全力以赴奔向美好的生活,而不因为生活的不如意就陷入怨恨之中。

青少年在社会交往中遇到不愉快的时候,也要学着以宽容的心对待他人,而不要总是牢牢地记住他人带来的伤害,导致自己的心因此而陷入困境。唯有宽容,唯有豁达,青少年才能让自己的内心充满明媚的阳光,也才能让自己的人生充满更多的希望和生机。曾经有人说,心若改变,世界也随之改变。青少年一定要最大限度地激发生命的力量,让自己的内心变得美好,才能拥有美好的生活、美好的世界。

不斤斤计较，才能得到更多快乐

斤斤计较的人，总是远离快乐，始终与忧郁烦恼相伴。这是因为他们的心如同针尖一样小，他们没有豁达的心胸，更没有从容的气魄。作为青少年，尽管刚刚步入社会，但是既然已经进入社会化进程中，那么就要学会调整心态，才能在社会交往中始终保持良好的情绪，从而得到更多的快乐。否则，一旦养成了小心眼的坏习惯，青少年就会远离快乐，变得郁郁寡欢。

人生并不是数学计算题，很多事情都没有办法精确到分毫，甚至连评价都没有一定的标准，而是仁者见仁，智者见智。也可以说人生就像学习语文，更多的是一种感觉。对于很多事情，每个人所追求的就是内心的平衡。很多人之所以斤斤计较，也是为了实现内心的平衡。整个自然界都在恪守平衡之道，但是对于如何实现真正的平衡，并没有一定之规。对于追求内心平衡的人而言，与其盲目地陷入斤斤计较的怪圈之中，还不如调整好心态，让自己的心从斤斤计较中摆脱出来，从而更容易获得满足和平衡，这是解决问题的根本方法。

这个世界上并没有绝对的公平，很多人从出生起就含着金汤匙，他们

第六章 以恕己之心恕人，才能给朋友更宽容的相处空间

一出生就拥有的一切，是其他人哪怕穷尽一生也未必能够拥有的。那么作为后者，就要因此而自暴自弃，让自己的一生就这样浑浑噩噩、无所作为吗？当然不是。不那么斤斤计较的人，最擅长比较，他们不会把自己与他人进行毫无意义的比较，而是会把今日的自己和昨日的自己比较，从而发现自己获得了怎样的进步，因而有效平衡自己的内心。唯有在平衡的状态下，才能激发出生命的力量，也才能有效改变命运，拥有充实美好的未来。

小蕊是一个特别追求上进的孩子，她有着强烈的上进心，但也因为心胸狭隘，因而总是感到苦恼。有一次，擅长数学的小蕊用了半个小时的时间，给同桌讲解了一道数学题。后来，小蕊语文作文不会写，想到同桌很擅长语文，想和同桌探讨一下。没想到，正值放学的时候，同桌的妈妈来接她回家，为此她急急忙忙对小蕊说"小蕊，我明天给你讲，妈妈在楼下等我呢"，然后就离开了。小蕊很生气，也很伤心：上次你数学题目不会做，我都用了半个小时的时间讲给你听，这次你为什么不愿意帮助我呢？哼，以后我也不帮助你。次日，同桌主动要讲作文给小蕊听，小蕊却气鼓鼓地说："不用了。"接连几天，小蕊都不愿意搭理同桌，心中始终愤愤不平，后来索性和老师说要调换座位。同桌觉得莫名其妙，不知道小蕊为何这么生气。

老师得知小蕊要调换座位，觉得很奇怪："你为什么要调换座位呢？老师是特意安排你们成为同桌的，因为你擅长数学，你的同桌擅长语文，这样你们可以互相帮助，共同进步。"小蕊撅撅嘴，把事情讲给老师听。老师当即表扬小蕊："嗯，小蕊，你的做法很正确，也及时给了同桌帮助。不过，我想你向同桌求助的时候正值放学，也许她妈妈真的很着急地在学校门口等，而且她次日来到学校就要给你讲解作文题，说明她始终记得这

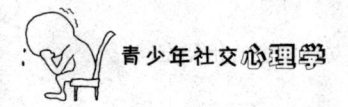

件事情。你可以谅解同桌吗？或者，你也可以把自己的感受告诉同桌，说不定她就改变了呢，对不对？"小蕊觉得老师说得也有道理，这才罢休。

在这件事情中，小蕊无疑是很敏感的，也喜欢斤斤计较，所以在热情帮助同桌之后，因为没有得到同桌的及时帮助，心里觉得很别扭。实际上，只要小蕊心里想得开，这件事情本来就是小事情，也不值得生气和计较。

现实生活中，很多人都因为斤斤计较而总是不高兴。殊不知，这样小心眼导致的烦恼苦闷，并非完全因为外部的原因，而是因为当事人的心态。我们每个人都要心胸开阔，在人际相处中不要过于敏感，尤其是自尊心强烈、敏感细腻的青少年，更要最大限度调整好心态，才能与人友好相处。记住，我的心情我做主，不要因为情绪而影响自己的快乐成长，相反，要成为情绪的主宰，坦然接受命运的安排，也享受生命的惊喜。

第六章 以恕己之心恕人，才能给朋友更宽容的相处空间

宰相肚里能撑船，想得开是一种福气

命运对于每个人都是公平的，它在为人关上一扇门的同时，也会为人打开一扇窗。然而，每个人对待命运的态度截然不同。有的人对待命运非常苛刻，总是吹毛求疵，哪怕有小小的不如意，他们也会马上抱怨命运。而有的人对待命运很宽容，哪怕遭到命运的突然打击和残酷折磨，他们也能安之若素，坦然接受。不得不说，宰相肚里能撑船，一个人总是气愤不已，是因为他们心思狭隘，遇到事情钻入牛角尖，根本想不开。相比之下，想得开是一种福气，想得开的人心胸开阔，能够坦然接受生命的不如意，也可以调整好自己的心态，让自己从容面对生命。

很多青少年自尊心强烈，遇事敏感，在遇到很多小事情的时候都会心中泛起涟漪。实际上，正如人们常说的，生气是用别人的错误惩罚自己。当一个人总是陷入愤怒之中，总是因为各种各样的原因就情绪波澜起伏，这无疑会影响青少年的快乐成长。作为青少年，一定要更加宽容，遇到事情想得开，不要总是钻入牛角尖。尤其是在社会交往中，不同的人相处时彼此之间难免会发生各种摩擦和碰撞，与其一味地陷入困顿之中无法自拔，不如最大限度地调整好心态，让自己不生气，也拥有好情绪。

当然，青少年很难做到对每个人都非常宽容。宽容是一种美德，需要

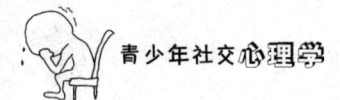

经历生活的历练和磨难,才能渐渐地具备这种美德。因此,青少年在社会交往中要始终怀着宽容的心态,哪怕与人发生矛盾和争执,也不要一味地争吵,更不要较真。要知道,相处中的态度总是相互的,当我们尊重和善待他人,他们也会回馈给我们同样的礼遇。当我们对他人表示宽容,他人也会对我们表示宽容。所以,青少年既要有一颗宽容善良的心,又要在社会交往中不断地成熟,拥有成熟的心态,这样才能在社会交往中如鱼得水,游刃有余。

很久以前,有个老爷爷和孙子相依为命,他们住在郊区的一所大房子里。这所房子是老爷爷的儿子留下的,非常气派。老爷爷和孙子布衣耕田,倒也过得很安乐。有一天,一个小偷在赶路的时候路过大房子,看到高宅大院非常气派,暗暗想:"这所房子这么豪华,家里一定很有钱。我何不以投宿为由,进入这所房子呢,这样等到房子里的人都睡着,我就可以偷个痛快。"这么想着,小偷就敲门投宿,老爷爷和孙子都是好心人,当即答应收留小偷。

夜晚,趁着老爷爷和孙子都睡着,小偷把家里值钱的东西都席卷一空,用一个破旧的床单包起来,准备背上离开。然而,院子的木门因为年久失修,总是吱吱呀呀响个不停,为了避免惊醒老爷爷和孙子,小偷决定翻墙而出。但是,墙太高了,背着包袱的小偷爬不上去。为此,小偷再次潜入屋子,想找个板凳踩着。就在小偷找板凳的时候,老爷爷和孙子都醒了,他们发现小偷偷东西,都非常生气,孙子当即决定要报告官府。然而,老爷爷阻止了孙子,对孙子说:"一个人并非生而就是小偷,大凡走上偷窃道路的,都是因为有不得已的苦衷。你等着,我有好办法让他回头是岸。"孙子不知道爷爷所说的好办法是什么,但是看到爷爷胸有成竹的样子,他只好暂停报官。这时,爷爷从房里拿来一个梯子,架

在院墙旁边。当小偷搬来一把椅子时,看到守在院墙旁边的祖孙俩,又看看架在院墙旁边的梯子,不由得羞愧难当,伤心地哭起来。小偷向爷爷道歉,并且发誓以后再也不偷东西。爷爷说:"你有地方去吗?如果没有,不如就留在我家,帮着家里种地干活,到时候攒些钱,再娶个媳妇,过好的生活。"小偷感激涕零,再加上的确无家可归,因此就留下来和爷爷一起生活。从此之后,爷爷有了两个孙子,三口人一起努力干活,过得幸福又快乐。

在这个事例中,爷爷的做法就是以宽容打动小偷的心,让小偷真心诚意地悔改,最终回头是岸。假如孙子跑去告官,也许小偷就会锒铛入狱,甚至变本加厉,导致在偷窃的道路上越走越远,最终人生也彻底毁灭。从人性的恶角度而言,一旦小偷发现孙子告官,说不定还会恶向胆边生,做出伤害祖孙俩的事情。所以说,与人为善就是与己为善,所谓心底无私天地宽,当一个人心中怀有对他人的宽容,自己的内心也会因此而豁然开朗。

古人云,人非圣贤,孰能无过。现实生活中,每个人都会犯各种各样的错误,人总有一时糊涂做错事情的时候,既然我们无法保证自己从来不犯错,也就应该对他人怀着宽容的心态,才能在与他人相处的过程中始终宽容理解他人。

作为青少年,在社会交往中发现他人犯错误时,先不要急于批评和指责他人,而是要尽量设身处地为他人着想,理解和宽容他人。每个人都有无法改变的客观情况,也有无法言说的苦衷,很多人之所以犯错,也许是因为无奈,也许是环境所迫。与其抱怨犯错的人,不如最大限度调整好心态,从而以感情上的共鸣和理智上的理解与宽容,与他人搞好关系,处理好矛盾与纠纷,和谐共处。

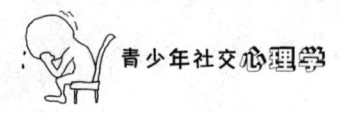

赠人玫瑰、手有余香,要乐于对朋友付出

朋友之间相处,一定要让心胸变得开阔,以坦率真诚的心对待朋友,而不要总是斤斤计较,导致交往陷入困境,彼此之间也越来越疏离。所谓赠人玫瑰,手有余香,我们对朋友的付出,能够加深与朋友之间的情谊,也才能在需要的时候得到朋友的真诚对待。有些青少年对于人情还不够了解,他们担心自己的付出得不到回报,也担心别人会亏欠自己。殊不知,真正的付出是不计回报的。当我们对别人付出,就不要想着马上得到别人的回报,而要意识到这样的付出是福报,是让爱在人们之间流淌的行为。

常言道,多个朋友多条路,多个敌人多堵墙。结交一个新朋友,需要付出很大的努力,而维持一段友谊,更需要用心经营,坚持付出。朋友之间的情谊,是没有办法用谁付出得多或者谁付出得少去衡量的。当努力经营友谊而不求回报时,我们必将得到比预期更丰厚的回报。尤其是青少年心思单纯,结交朋友更要以本心为出发点,而不要带有过多的功利色彩。虽然在成人社会,流传着"没有永远的敌人,只有永远的利益"这样的说法,但实际上,人与人之间,最美好的就是纯真无瑕的感情。趁着青春年少的好时光,青少年理应结交更多的朋友,彼此之间真心相待。这样的朋友将

第六章 以恕己之心恕人，才能给朋友更宽容的相处空间

会是一辈子的朋友，也会给青少年的成长带来温暖和感动。

一直以来，乐乐都很纳闷，为何爸爸有那么多朋友呢？尤其是爸爸不仅有朋友，还有好几个知己，他们几乎每隔一段时间就要聚会，或者在一起喝茶清谈，或者把酒言欢，总而言之，彼此之间相处非常融洽，简直比亲兄弟还要好。到了长假，爸爸还会带着全家和知己全家聚会，一起出去旅游，大人孩子都相处得很和谐。

终于有一天，乐乐忍不住问爸爸："爸爸，你和几个叔叔的关系为何那么好呢？"爸爸笑起来，说："古人云，人生得一知己足矣，我有这么多知己，当然要好好珍惜。"乐乐又问："那么，他们为何都对你这么好呢？"爸爸反问："你觉得，我对他们好不好呢？"乐乐笑起来，说："也很好，你们都很好。"爸爸告诉乐乐："上大学的时候，爷爷奶奶家里很穷，所以没有那么多钱供养爸爸，也无法给爸爸足够的生活费。这几个好朋友就轮流帮助爸爸，不是这个请爸爸吃饭，就是那个买衣服的时候也给爸爸买一件。整个大学，爸爸都是靠着自己打工和朋友的帮助才坚持下来的。后来参加工作，爸爸找到不错的工作，薪水待遇也很好，每当朋友需要帮助，爸爸也总是拼尽全力帮助他们。就这样，我们几个人的关系越来越亲近，甚至比亲兄弟还亲。"乐乐问："他们帮助你，是不是认为你是一个知恩图报的人，有朝一日还会还给他们？"爸爸摇摇头："不是。他们是真朋友，对我好从来不求回报。直到现在，我偶尔对他们好，他们也总是拒绝，说只要我过得好，他们就很高兴。"乐乐感动地说："这样的朋友真好，我要是也有这样的朋友，就好了。"爸爸语重心长地对乐乐说："乐乐，要交好朋友，就不要计较付出和回报。你要真心诚意地为朋友付出，朋友才

115

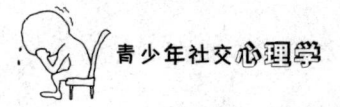

会真心诚意地对你好。当然,你不要为了得到回报而付出,因为真的朋友,一定是值得你付出的。"乐乐点点头,说:"那我也要和叔叔家里的孩子们成为朋友,这样咱们就是世交啦!"爸爸欣慰地笑起来。

看到爸爸有很好的朋友和知己,乐乐非常羡慕,在了解爸爸与知己们相处的事情之后,乐乐更是油然而生对各位叔叔的尊重。的确,正如爸爸所说,朋友之间的付出不要奢求回报,真朋友一定值得我们付出。现实生活中,总有些人平日里从来不与朋友交往,而等到有需要的时候,才会向朋友寻求帮助。殊不知,人情是需要维护的,如果急功近利,所谓的朋友当然也会有感觉,更不会傻乎乎地倾尽全力相助。

朋友之间最珍贵的在于交心。所有人交往,都要以真诚为原则,这样才能让彼此的关系越走越近。如果在交往的过程中,总是对他人敷衍和应付,则交往根本无法继续下去,感情也无法维持。青少年正值人生的好年华,同龄人大多心思单纯、感情纯粹,既然如此,青少年一定要真诚对待身边的朋友,这样才能收获纯真的友谊,拥有一辈子的朋友。

第七章
全力以赴打造魅力少年，让生命与友谊共同绽放

　　一个人要想吸引更多人围绕在自己身边，就一定要全力以赴塑造自身的人格魅力，这样才能形成超强力量的正能量场，也吸引志同道合的朋友和谐相处，共同进步。当然，这么做的前提是自身非常优秀，正如人们常说的，你若盛开，清风自来，对于青少年朋友而言，最重要的就是先提升和完善自己，让自己变得更加与众不同、出类拔萃。

自信男孩的生活就像打游戏开挂，必然活力无限

自信，是人生的超强动力，一个人唯有拥有自信，才能从容面对人生中的很多困境。尤其是男孩，在生命的历程中必然要承担更多的责任，更应该有意识地提升自己的承受力，培养自己各方面的能力，从而在人生的道路上勇往直前，无所畏惧。

常言道，穷养儿子，富养女儿，且不说这句话是否有道理，我们可以把穷养儿子理解为培养男孩承受磨难的能力，让男孩在遭遇人生困境的时候始终能够做到不屈服，不妥协，坚定不移，勇往直前。自信的男孩会拥有扬帆起航的人生，这样的人生就像开挂一样，必然活力无限。当然，自信力的培养也是需要过程的，男孩并非生而拥有自信，而是在成长的过程中不断地接受磨炼，才能渐渐地增强自信。作为父母也要有意识地培养男孩承受挫折和磨难的能力。例如，当男孩在生命历程中遭遇困境的时候，不要一味地包容和保护男孩，而是要让男孩在力所能及的情况下独立面对困难。此外，在日常生活中，也不要因为对男孩要求过高，就总是批评和否定男孩，对于男孩的教育应该软硬兼施，既要适度批评男孩，也要适度

第七章 全力以赴打造魅力少年，让生命与友谊共同绽放

激励和赞扬男孩，从而让男孩客观公正地认识自己，也做到自信、乐观、坚强。

最近，学校里要选拔一些同学参加市里的作文比赛。老师推荐乐乐参加学校的选拔赛，进而争取代表学校高年级组参加市里的作文比赛。乐乐却推托："老师，我不行吧，我的作文写得不太好，也不稳定，万一遇到我不擅长的题材，那就糟糕了。"老师当然知道乐乐的作文水平，因而鼓励乐乐："没关系，你只要全力以赴去写就可以。"尽管老师再三鼓励乐乐，但是乐乐始终推托。无奈之下，老师只好请乐乐妈妈一起做乐乐的思想工作，老师告诉乐乐妈妈："乐乐在文字方面特别有灵性，而且他的阅读量也很大，积累了很多写作素材，参加比赛是没问题的。况且，重在参与，只要全力以赴，是否取得好名次没有那么重要，您也可以告诉孩子不要有那么重的心理负担。"

回到家里，妈妈问乐乐："我今天听到马品宣妈妈说，你要参加作文竞赛，是真的吗？这样的好消息，你怎么不第一时间告诉爸爸妈妈呢？我们都为你感到高兴啊！"乐乐愁眉苦脸："马品宣这个大嘴巴，什么事情都告诉他妈妈。我还没有想好是否参加呢，万一不能取得好名次，岂不是很丢人！"妈妈鼓励乐乐："虽然是比赛，但是参与最重要，至于能否取得好名次，并不是最重要的。你只要全力以赴，就对得起老师给你的这次机会。"乐乐还很迟疑："但是，我真的能行吗？"妈妈肯定地说："你当然行，你要相信自己。面对这样一个好机会，如果你总是推辞，未来再有这样的机会，老师还会首先想到你吗？所以你要勇敢地抓住机会，而不要总是推辞啊！"在妈妈的鼓励下，乐乐似乎下定决心，站起来如同要英

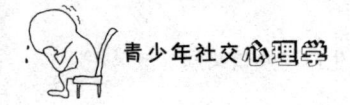

勇就义的壮士一样握紧拳头:"好吧,那我就参加吧!"次日,乐乐主动找到老师要求参加比赛。正如老师所预料的那样,乐乐不但通过了学校里的选拔赛,而且在市里的比赛中获得了二等奖。对于这样的结果,乐乐高兴不已,妈妈说:"看吧,不尝试,你怎么知道结果呢?以后一定要勇敢地抓住机会,而不要把机会拒之门外啊!"乐乐不好意思地点点头。

妈妈说得很对,如果乐乐因为缺乏自信而拒绝参加比赛,那么也就没有后来的获奖这样值得骄傲的事。每个人在参加比赛或者考试时,都无法保证自己一定能够取得好名次或者好成绩。所谓重在参与,只要参与,就能得到比赛的经验。对于乐乐而言,这显然是比名次更加重要的。为此,他在妈妈和老师的鼓励下,下定决心全力以赴参加比赛,最终取得了好成绩,也成功地证明了自己的实力。相信有了这次的经历,未来再遇到千载难逢的好机会时,乐乐再也不会推辞和拒绝。

男孩一定要自信,唯有自信,才能抓住很多千载难逢的好机会;唯有自信,才能在成长的道路上不断进步,最终成就最完美的自己。除了要自信地抓住很多机会之外,在人际交往中,男孩也要展示出自信的一面,这样才能在社会交往中赢得他人的尊重、信任,也因为自信而拥有强大的正能量场,从而吸引更多的人,拥有真正的好人缘。喜欢历史的男孩会发现,自古以来,很多出类拔萃的人都能够振臂一呼、应者云集,这不是因为他们有天生的神力,而是因为他们很自信,也能以自信感染他人,所以才会拥有众多的追随者。男孩也要有自信,要拥有自己的"粉丝",最终在朋友中成为灵魂和核心人物。

第七章 全力以赴打造魅力少年，让生命与友谊共同绽放

男孩要热情，就像一把火燃烧你我

有一首歌曾红遍了祖国的大江南北——"我的热情好像一把火，燃烧了整个沙漠"。这首歌很形象地表现出热情的巨大力量，的确，热情就像是一把火，能够消除人与人之间的隔阂，也能够把原本内心冰冷的人变得有温度。在社会交往中，很多男孩为了耍酷，总是喜欢表现出冷漠的样子，殊不知，冷漠常常会拒人于千里之外，唯有热情，才能瞬间拉近与他人的距离，也才能融化他人心中的冰霜。

热情的人，拥有超强的影响力。

首先，只有内心充满希望的人才会对人充满热情，这是因为他们总能积极乐观地看待问题，也能从悲观中看到希望的光芒，从看似毫无生机的境遇中绝处逢生，找到出路。一个人的心态是否乐观，不但会影响他的心境，也会影响他对于人生的态度。从这个角度看，乐观热情之于男孩，就像汽油之于汽车，男孩拥有积极的心态，才能最大限度激发生命的潜能，才能让自己始终对于命运满怀热情。

其次，热情来源于内心，一个人对于生命充满热爱，才能在生活中表现出热情。热情也是一种情感，这种情感不但会让当事人变得更加强大有

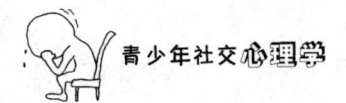

力量,也会让他们对于自己所做的每一件事情都坚持到底,绝不轻言放弃。当自信的人同时拥有热情,一定会拥有积极的力量,从而克服一切困难,坚定不移地勇往直前,哪怕遭遇坎坷泥泞也绝不放弃。

在社会交往的过程中,男孩一定要热情。也许看上去沉默不语、面色严峻的男孩显得更加冷酷和神秘,实际上,热情的男孩会以更合理的方式释放自己的内心,也会因为热情而结交更多的朋友。这样的男孩不但拥有好人缘,也会成为真正的社交达人,不管走到哪里都备受欢迎。

转眼之间,乐乐读初中了。性格开朗的他是一个热情大方的男孩儿。开学第一天,因为是住宿学校,所以他早早到校帮助路途比较远的同学拎行李,指引他们打水的地方和洗漱的地方。下午,同学们都到教室集合,他还组织了几个同学提前把书本都抱到教室里,分发给每一位同学。当老师来开班会时,教室里已经一切准备就绪,为此,老师提议由乐乐先担任代理班长,同学们纷纷表示同意。

担任代理班长期间,乐乐总是全力以赴地帮助老师做很多事情,也给了同学们实实在在的帮助。有一次,一位同学因为急性阑尾炎肚子疼,老师恰巧不在学校,乐乐就和几个身强体壮的男生一起背起那位同学,将其送到医院,及时治疗。这样的事情有很多,同学们都觉得乐乐就像一个大哥哥一样,爱护他们,为此在进行正式的班委选举时,同学们都把票投给了乐乐。就这样,乐乐成为正式班长,当然他对待班级工作一如既往的热心。

乐乐之所以能够成为代理班长,后来又通过选举正式成为班长,都是因为他的热情。从开学之初,大多数同学对于学校生活还很陌生的时候,

第七章 全力以赴打造魅力少年，让生命与友谊共同绽放

乐乐就帮助大家熟悉学校，适应学校生活。后来，在正式选举班委的时候，乐乐成功地当选为班长，成为班级的顶梁柱，这和他的积极热情，也和他处处为班级考虑、主动为同学们服务分不开的。由此可见，热情的力量是非常强大的，只有拥有热情，男孩才能变得更有影响力，也富于感染力。尤其是优秀的男孩，不要曲高和寡，而要以热情为自己增添魅力，让自己变得独特而充满魅力。

热情的男孩就像一把火，能够以热情拉近自己与他人的距离，也能够以热情融化他人的心。人与人之间相处，最重要的是心中没有隔阂。当男孩与他人消除隔阂，交往就会变得更加顺利。由此可见，热情的男孩很容易成为社交达人，也会因此而得到更多人的认可与赏识。当男孩拥有热情的性格，他们会在成长的道路上不断前进，即使长大成人，热情也会为他们的人生助力。

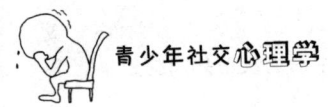

爱运动的男孩,就像行走的荷尔蒙

男孩应具有强壮的体魄,也应在体能上变得充沛。遗憾的是,现代社会中有很多男孩从小就被养成小胖子,这是因为父母总是过分疼爱男孩,希望给男孩更多好吃的、好喝的,以为这样就是对男孩好。当然,为男孩的成长提供必需的物质和营养固然没错,但是当营养过剩时,身体也会因此而承受沉重的负担。现在,有很多男孩都是不折不扣的"小胖墩",因为身体的负担,他们别说发展运动天赋,就连体育课上最基本的体能要求都无法达到。这极大影响了男孩的身体健康,也使得男孩在运动方面有所欠缺。有些男孩因为过于肥胖,还会患上脂肪肝等慢性疾病,给身体带来严重伤害。从这个角度而言,父母在为男孩提供营养物质时,一定要注意营养均衡,也要控制好饮食的量。很多父母会说,孩子正处于长身体的时候,必须吃得好,才能长得壮。不得不说,这些父母一定误解了长得胖和长得壮之间的关系。长得胖未必就是长得壮,长得壮指的是有肌肉而少肥肉,长得胖恰恰相反。男孩太胖,体脂含量高,不但会影响身体健康,也会让男孩变得懒惰倦怠,不愿意动起来。有些男孩会因此变得走路走不动,身体也不够灵活。

第七章 全力以赴打造魅力少年，让生命与友谊共同绽放

青少年要想身体强壮，一定要多运动。有人说，运动是生命原始的动力，这句话很有道理。如果不运动，身体就会处于相对静止的状态，新陈代谢减慢，自然无法保持活力。运动，还可以有效缓解青少年的紧张情绪，当在剧烈的运动中出了一身汗的时候，青少年会感到浑身酣畅淋漓，也会因此而感到心情舒畅。尤其是在紧张的学习中或者情绪冲动的时候，不如痛快地去运动，用汗水发泄抑郁的情绪，也让整个人拥有更好的情绪状态。

运动也有利于强化青少年的男性特征。细心的人会发现，爱运动的男孩就像行走的荷尔蒙，他们总是充满活力，内心激情澎湃，不爱运动的人则给人昏昏欲睡的感觉，整个人显得没有精神，而且也因为疲惫而变得懒怠。不得不说，这对于正处于成长关键时期的青少年而言绝不是一种好的状态，甚至可以说是糟糕的状态。作为父母，如果家有"小胖墩"应该马上调整饮食结构，从而给予青少年更好的成长环境。如果发现孩子不爱运动，也要亲身示范带着孩子动起来。当孩子爱上运动，你会发现孩子整个人的状态都变得不同。当然，凡事都需要氛围，作为父母，也热爱运动，才能带动青少年运动。从青少年的角度而言，自己已经长大了，对于很多道理都能明白，所以当发现自己缺乏运动，也要马上改变，而不要任由自己继续胖下去，也不要任由自己继续松懈下去。唯有如此，才能让自己变得更加阳刚，充满阳光，也才能让自己的内心充满积极向上的动力和决心。

乐乐是个小胖子，也是个不折不扣的大胃王，这都是因为小时候奶奶带乐乐的时候，总是怕乐乐吃不饱，因而就给乐乐喂过量的食物。渐渐地，乐乐的食量越来越大。奶奶看到乐乐吃得多，总是很高兴，还会称赞乐乐是个男子汉呢！然而，小时候的乐乐胖还显得可爱，如今已经升入初中，

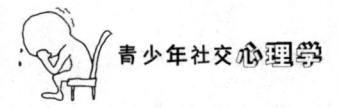

乐乐还那么胖，导致他的体育成绩总是不能达标，整个人也因为行动缓慢，而变得拖拖拉拉的。

妈妈意识到问题的严重性，当即限制乐乐的饮食。然而，吃惯了很多食物的乐乐，要想一下子减少食量，也是非常困难的。在很长一段时间里，乐乐都觉得饿，妈妈只好以蔬菜给他代餐，填补他的大胃。渐渐地，乐乐的胃口变小，体重减轻，运动起来变得轻盈。随着运动量的不断加大，乐乐在运动方面的能力越来越强，不但减轻了体重，而且棱角分明的脸和强壮的身材也让他变得更有男子汉的气概。乐乐爱上了运动，也爱上了自己的样子。如今，不需要妈妈的鼓励，乐乐也依然坚持运动，因为他自己明白了只有强壮才有型。

对于男孩而言，一定要有男子汉的气概，才能在成长的过程中彰显出阳刚之气。父母在抚养男孩的时候，不但要关注男孩的身体健康，也要帮助男孩养成优秀的品质，让男孩的心理也渐渐成熟。当然，作为男孩，也要有意识地培养和锻炼自己的气魄，让自己成为勇敢、有决心、有毅力、能够担当重任的强者。

从本质上而言，运动不但能够锻炼男孩的体魄，而且能够磨炼男孩的意志，让男孩变得顽强坚韧，哪怕在生命的历程中遇到小小挫折，也能坚持不懈，勇往直前。动起来的人生，精彩无限；爱运动的男孩，魅力无限。你准备好奔跑了吗？

第七章 全力以赴打造魅力少年，让生命与友谊共同绽放

不畏流言蜚语，迎难而上的男孩非常酷

人际交往中，总是会发生各种突发情况。男孩往往粗心大意，因而在社会交往中常常不知不觉间就会陷入流言蜚语的怪圈，也会不小心就得罪他人。常言道，谁人背后无人说，谁人背后不说人。对于流言蜚语，男孩要认识到：越是辩解，反而容易越抹越黑。因而，明智的男孩听到关于自己的流言时，他们不会一味地为自己辩解，而是会告诉自己：谣言止于智者。为此，只要谣言不是刻意诬陷和抹黑，也没有给他人的生活带来恶劣的影响或伤害，他们会保持安静，让流言自行消散。

有很多男孩都无法处理好流言蜚语的问题，这也难怪，因为很多成年人对于流言蜚语都特别头疼，也不知道怎么做才能让自己表现更好。在这里，不得不说一个真相，那就是一个人即使拼尽全力，也不可能做到让所有人满意。因而，最重要的在于要在流言蜚语面前始终保持良好的心态，淡定从容，所谓清者自清，如果真的是流言，那么时间自会揭露真相。有些男孩比较胆小，面对流言蜚语，他们总是心生畏惧，也不知道自己该怎么做才能得到他人的认可。其实，既然无论怎么做都无法让他人满意，那么不如坚定不移地做自己，至少保持了本色，也让自己拥有更好的未来。

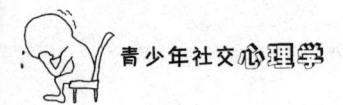

最近,班级里谣传乐乐在和班花小欣谈恋爱,对于这样的流言,小欣哭了好几次,但是乐乐认为心怀坦荡,就不要害怕别人说什么。原来,小欣和乐乐是小学同学,一起考入同一所初中,所以关系难免就比其他同学更亲近一些。再加上乐乐小学阶段一直是班长,习惯了照顾同班同学,因而进入初中之后也常常关照小欣。初中生都处于敏感期,情窦初开的他们,难免会对走得近的同学产生各种猜测。小欣因此不愿意搭理乐乐,乐乐却坚持以往的做法,该怎么办还是怎么办,就像从未听到过流言蜚语一样。随着时间的推移,同学们发现乐乐对待大多数同学都很热情,渐渐地,就没有人再说乐乐和小欣的闲话了。

还有一次乐乐的爸爸妈妈来到学校里和老师见面,很多同学就谣传乐乐的爸爸妈妈在给老师送礼,奉承老师,所以老师才能器重乐乐。对此,乐乐依然心怀坦荡。他不但学习成绩好,而且各方面能力都很强,所以很快就以实力为自己代言,证明自己的确是有真才实学,也是值得老师器重的。就这样,乐乐在初二的时候又成为班长,那些曾经说乐乐闲话的同学,也都对他佩服得五体投地。

人是群居动物,每个人都要在人群中生活,而不可能真正做到离群索居,特立独行。对于乐乐的表现,显然是无可指摘的,毕竟乐乐心怀坦荡,所以才能在被谣传和小欣谈恋爱的时候,气定神闲,波澜不惊。后来,他还被误解为走老师的后门,他同样没有着急为自己辩解。最终,乐乐以真才实学和极高的能力证明了自己的确是值得老师信任的,也证明了自己是足以胜任班长这个职务的。就这样,乐乐以实力证明了自己,也让谣言不攻自破。

第七章 全力以赴打造魅力少年，让生命与友谊共同绽放

乐乐是一个很有主见的孩子，面对流言蜚语，他没有畏缩和逃避，而是理性地反省自己的行为，在确定自己毫无问题之后，就迎难而上，继续坚持自己的做法。这样的乐乐简直酷毙了，因为他用事实击破了流言，也证明了自己的清白。真的就是真的，假的就是假的。真的不会变成假的，假的也无法变成真的。青少年在成长的过程中，难免会遇到真真假假的复杂情况，与其因为着急而自乱阵脚，还不如以事实为自己代言，从而证明自己的实力。否则，一旦听到流言蜚语就自乱阵脚，只能证明青少年心中有鬼，也会给青少年的成长带来很多困扰。所以，从现在开始，青少年要努力保持笃定，内心淡定从容，绝不无故惊慌失措。记住，谣言终究是谣言，在真相和事实面前，谣言必将不攻自破。

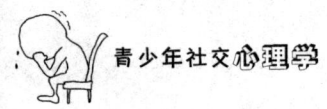

女孩要以柔克刚，展现自身魅力

在青春期，随着不断成长，男孩与女孩的差别越来越大。如果说男孩是充满阳刚之气，女孩则充满阴柔之美。男孩以力量征服这个世界，女孩虽因为生理条件的限制，在力量方面无法与男孩抗衡，却可以展示出阴柔之美，从而表现自身的魅力。这样一来，女孩就能以柔克刚，从而实现心愿。

在传统封建思想的误导下，很多人总以为女孩不管什么方面都不如男孩，其实这样的想法完全是错误的。现代社会，女性已经走出家庭，和男人一样在工作中承担重要的角色，因而女人也顶半边天不再是空谈。很多女性不但要做好繁重的工作，还要兼顾家庭，照顾好孩子，不得不说，女性的韧性是很强的，柔软的身躯里蕴含着巨大的力量。从某种意义上讲，女性甚至比男性的力量更强大，因为女性有韧性，能在生活中遇到很多状况时表现出顽强的毅力和超强的能量。

在社会交往中，和阳刚果断的男孩相比，女孩其实占据一定的优势。女孩尽管在力量上无法与男孩抗衡，在柔软、灵活方面却比男孩更胜一筹。首先，女孩身姿柔美，给人带来美的视觉感受，因而很容易给他人留下好印象。其次，女孩性格温柔，善解人意，在与人相处的过程中能够理解和

第七章 全力以赴打造魅力少年，让生命与友谊共同绽放

体贴他人，又因为感情丰富、敏感细腻，也能体察他人的想法和苦衷，所以更容易打动人心，得到他人的信任。再次，女孩的语言能力更强。和男孩相比，女孩的语言能力发展更早，也更强，当男孩还不知道如何运用语言表情达意的时候，女孩已经可以运用语言表达自己心中的所思所想。这让女孩与人交往更加顺利，沟通起来也总是词能达意。最后，比起男孩，女孩更善于与他人团结协作，因而女孩更能够借力。此外，女孩性格柔韧，具有顽强的力量，哪怕在做某件事情的过程中遇到困难和阻碍，也能够坚持不懈，绝不轻易放弃。所谓坚持到底就是胜利，这恰恰给女孩加分，让女孩能够在坚持付出更大的努力后获得更好的成绩。

最近，小茹特别想说服爸爸妈妈给她买一辆自行车。然而，即使小茹已经正式提出这个请求，爸爸妈妈始终没同意。小茹没有气馁，她知道自己必须坚持不懈地争取才能达到目的。不过，妈妈的态度看起来很坚决，为此小茹决定从爸爸身上入手，说服爸爸，再让爸爸去说服妈妈。

有一个周末，妈妈正好去单位加班，小茹和爸爸在家。小茹对爸爸说："爸爸，我已经长大了，我都十四岁了。"爸爸点点头，说："是啊，转眼之间，你就从怀抱里的小婴儿长成亭亭玉立的大姑娘了，爸爸到现在都还记得你刚刚出生时候的样子呢！"小茹亲昵地看着爸爸，说："不管我多大了，都是你的贴心小棉袄。"看着小茹乖巧懂事的样子，爸爸不由得笑起来。小茹趁着爸爸高兴，赶紧说："爸爸，我们班级里很多同学都骑着自行车上学放学，我也想骑自行车，你可以给我买一辆吗？"爸爸看着小茹，说："我可以。但是你妈妈不同意，她主要是担心你的安全问题。"听到爸爸的话，小茹很高兴，连忙说："爸爸，妈妈不是都听你的吗，你

劝劝妈妈。我一定会保证安全的,我会靠着路边骑,根据红绿灯的指示走,绝不会飞快地骑车。爸爸你知道吗?没有自行车我和同学都没有共同语言了。"听到小茹的请求,爸爸忍不住笑起来:"自行车也能成为共同语言?"小茹一本正经点点头:"当然。每到下课的时候,大家都在一起说自己的自行车是否好骑,就我一个人在旁边百无聊赖。爸爸,你就相信我吧,我保证,我真的保证!"小茹施展撒娇的方法,从小到大,只要她一撒娇,爸爸马上就缴械投降。这次也不例外,爸爸看着小茹娇滴滴的样子,赶紧答应:"好的,我只能帮着劝说你妈妈啊,具体是否买自行车必须妈妈拍板。""老爸出马,一个顶俩!爸爸,我看好你哦!"得到女儿这样的夸奖,爸爸只能全力以赴说服妈妈。

一个星期后,妈妈终于同意给小茹买自行车,这可把小茹高兴坏了,她当即就拿出所有的压岁钱,和爸爸去购买自行车。

女孩最大的优势就是柔弱,尤其是当可爱的女儿对爸爸撒娇的时候,爸爸根本无法抵挡。小茹正是采取这样的策略和方式,才能成功打动爸爸。在爸爸的帮助下,小茹最终得到妈妈的同意,可以和大多数同学一样骑着自行车上学放学啦!

女孩并非绝对的弱势群体,甚至在某些方面,女孩比男孩占据优势。例如,在社交场合,外形美丽的女孩很容易给他人留下好印象,也可以凭着温柔而得到他人的怜惜。当女孩学会运用自己在这些方面的特长去与人交往,结果必然令人吃惊。作为女孩,一定要认清楚自身的优势所在,才能扬长避短,也才能卓有成效地满足自己的社交需求。

第七章 全力以赴打造魅力少年,让生命与友谊共同绽放

有些原则,是不能轻易放弃的

每一个人在面对人生时都要坚持原则,这些原则既不能退让,也是底线。尤其是在社会交往中,我们更要讲原则,才能让人际交往按照一定的规矩去推进,也才能在与他人相处的过程中始终保持同样的品质。有些人心思很活泛,为了利益,为了迎合他人,总是轻而易举就放弃原则,殊不知,这只能换取暂时的安乐,而无法真正卓有成效地解决问题。

原则就像是人生的阵地,必须严防死守,不能因为任何理由放弃或者退让。有的时候,一旦在原则上退让,就会节节败退,导致人生失守。面对生活的反复无常和艰难曲折,我们固然要以灵活的心态从容应对,但是对于有些原则,还是必须坚守的,绝不能轻易退步。因为每个人对于人生的理想、观念、价值取向等都不同,所以每个人坚持的人生原则也是不同的。作为青少年,既要坚持自己的人生原则,也不要轻易触犯和挑战别人的人生原则,否则就会导致社会交往陷入困境,也必将面对很多无法解决的问题。

最近这段时间,乐乐和班级里的几个男生走得很近。这几个男生开始偷偷地抽烟,实际上老师也知道班级里有男生抽烟,却采取睁一只眼闭一

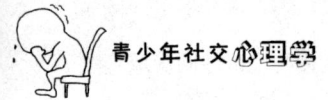

只眼的态度，在那些男生不影响正常课堂秩序的情况下，老师根本不愿意对他们过多干涉。

有一段时间，为了拉拢乐乐，这几个男生还怂恿乐乐抽烟。有一次，在午间休息的时候，有一个男生把烟点着了递给乐乐，但是乐乐马上拒绝了。乐乐说："我知道你们在抽烟，只要你们不影响别人，也不要做得太过明显，我不想管你们。不过，我是坚决不会抽烟的。我的身体素质这么好，我还想成为篮球明星呢！我可告诉你们，一旦抽烟，就会伤肺，导致肺活量降低，那就不能打篮球了。"男生们对乐乐的话不以为然，乐乐也不强求他们必须接受，只是希望他们收敛一些而已。后来，班级里偷偷抽烟的男生越来越多，但是乐乐始终洁身自好，坚持自己的原则。

很多孩子会因为好奇心而放弃原则，甚至有一些吸毒的成年人，在最初沾染毒品的时候，也仅仅是因为好奇。殊不知，好奇害死猫，青少年正值好奇心强烈的特殊阶段，一定要控制好奇心，不要因为好奇去做各种危险的事情，更不要因为好奇去尝试不该做的事情。事例中的乐乐很有定力，这是因为他知道自己可以做哪些事情，不能做哪些事情，所以才能始终坚持自己的原则，也保证了自己的身体健康。

青春期，孩子们从儿童开始转变，他们的心态既不像儿童那么幼稚，也不像成年人那么成熟，也可以说青少年正处于一个特殊的阶段，介于幼稚和成熟之间。正是因为这种心态的影响，所以青少年往往误以为自己懂得很多，也会因此变得骄傲自大。不懂却自以为懂，错了而不自知，这对于青少年而言才是最危险的情况。作为父母，要时刻为青少年指明道路。作为青少年，也不要自视甚高，甚至觉得自己什么都懂，什么都了解。古人云，人贵有自知之明，对于青少年而言，要经常进行自我反省，从而知道自己哪里做得好，哪里做得不够，哪里需要改进，这样才能不断进步，出类拔萃。

第七章　全力以赴打造魅力少年，让生命与友谊共同绽放

谦让的女孩，拥有以退为进的力量

如今，很多孩子都是独生子女，他们不管做什么事情都以自我为中心，而从来不知道要谦虚礼让。殊不知，父母即使再爱孩子，也不可能永远疼爱和宠溺孩子。当父母渐渐老去，孩子也要转换角色，为父母支撑起人生的一片天空。当然，这么做的前提是孩子必须独立自主，能够保证自己的生存，也能够处理好各种各样错综复杂的关系。

聪明的女孩知道自身的力量有限，所以她们不会以硬碰硬，尤其是在与他人发生矛盾和争执的时候，她们总能以柔克刚，或者以退为进。从心理学的角度而言，人都有互偿心理，当一个人得到他人的谦让，必然也会给予他人同样的回报。因而，当女孩主动做出让步，他人就会以同样的让步回馈女孩。如此相互交好，自然有利于促进人际关系发展，对于提升自身的社交能力也有很大的好处。

晓雪是一个很聪明的女孩，她性格文静，看起来非常柔弱，在与人交往的过程中总是谦虚低调，从来不会肆无忌惮地与他人争什么。说来也奇怪，正是因为如此，晓雪反而人缘很好，总是能够得到他人充满善意的对待，

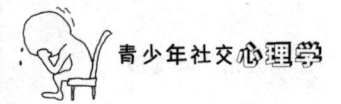

也常常得到他人的馈赠,这是为什么呢?原来,晓雪很擅长以退为进的人际相处之道。

有段时间,晓雪和莉莉一起参加社会实践活动。虽然她们才读完高一,但是学校正是想让孩子们知道生活的不易,激发孩子们学习的动力,所以才会要求每个学生在暑假里都要参加社会实践。晓雪和莉莉是好朋友,为了打发漫长的一个月社会实践时间,她们约定要去同一家用人单位工作。接连找了好几家都没有合适的工作后,晓雪经过叔叔的介绍来到一家酒店,她还央求叔叔也给莉莉介绍了一个职位。因为是晓雪叔叔介绍的,所以酒店管理人员张经理在安排工作岗位的时候,明显偏向晓雪。张经理让晓雪留在前台工作,而让莉莉去清洁部门,负责打扫客房。对此,莉莉很不满意,当即表示拒绝。为此,晓雪对莉莉说:"莉莉,要不我和你调换一下吧。现在找实习的工作不好找,而且咱们不是说好在一起的嘛!"莉莉听到晓雪这么说,又觉得有些不好意思,想到自己如果不和晓雪一起,就要独自去某一家单位工作,她心里发怵,因而改变想法留了下来。

晓雪坚持让莉莉在前台,莉莉推辞不过,和晓雪约定:"晓雪,不如我们半个月的时候调换一下,这样还可以积累不同岗位的工作经验。"晓雪当然同意。就这样,晓雪和莉莉都留了下来,她们工作得非常愉快,也在一个月的时间里感受到生存的艰难,因而决定回到学校之后好好学习,争取考上名牌大学,这样就不用从事特别辛苦且没有技术含量的工作了。

在这个实例中,晓雪想要留下莉莉和自己做伴,因而她采取了让步的方式,提出把前台的工作让给莉莉,自己去清洁部负责打扫客房。对于晓

雪这样的谦让，莉莉当然受之有愧，毕竟这份工作还是晓雪的叔叔帮忙介绍的呢！但是晓雪的盛情难却，最终莉莉与晓雪商定，在半个月之后调换岗位，从而得到了更多的社会经验，也对生活有了更深刻的感悟。的确，这是个好主意，她们参加社会实践的目的就是知道生活的甘苦，这样做正好可以让她们在一个月的时间里体验两种不同的岗位，也能最大限度激发她们主动学习的决心和勇气。

很多女孩心思细腻，在社会交往中总是担心自己会吃亏上当。实际上，主动让步非但不会吃亏上当，反而会因为高姿态的退让感动他人，从而让他人也给予我们同样的对待。懂得以退为进的女孩是充满智慧的女孩，她们明白在力量的博弈中自己未必能够获胜，就采取这种以柔克刚的方式对待他人，最终顺利实现心愿。

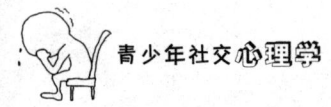

难得糊涂,难得假装糊涂

现实生活中,很多女孩的优点是心细如发,所以可以及时体察他人的情绪,也满足他人的需求,让社会交往进展更加顺利。然而,对于女孩而言,有的时候心细如发也是缺点。这是因为当女孩过于细心的时候,不但会发现他人的不时之需,也会发现他人让自己不满意的地方,因而在他人不知情的情况下独自生气。

实际上,女孩应该适时糊涂,在该细心的时候细心,在该粗心的时候粗心,这样才能恰到好处调整好自己的情绪。前文说过,青少年要想拥有好情绪,让人生轻松,还应该学会遗忘。从本质上而言,遗忘和装糊涂有着异曲同工之妙,尤其是假装遗忘的时候,与装糊涂的效果是相辅相成的。

现实生活中,每个人都有独属于自己的生活状态。有的人机关算尽太聪明,反误了性命,就像《红楼梦》中的王熙凤,那可真的是人中龙凤,把各个方面的关系都打点得很好,在贾府那个关系复杂的大家庭中简直如鱼得水,游刃有余。但就算是王熙凤,也算不过命运的机关,最终落得悲惨的下场。还有的人总是稀里糊涂的,他们不是因为傻,而是因为不愿意花费太多的心思用在斤斤计较方面,所以遇到事情需要处理的时候,尤其

是在人际关系中与他人产生矛盾纷争的时候，总是能够做到宽容大度，假装糊涂。这样的人看似吃了亏，实际上是占了便宜，因为他们没有把过多的脑细胞浪费在蝇头小利上，而是腾出更多的时间去享受生活，感受幸福与快乐。

需要注意的是，这里所说的假装糊涂，并非要求人们浑浑噩噩度过一生。有目标、有理想、有志向，与假装糊涂并不矛盾。假装糊涂要用在社会交往中，从而避免与他人斤斤计较；奔向人生美好的未来，要通过真才实学，通过不懈努力，两者完全不矛盾。所以，对于人生一定要清楚明晰，对于社交中的点滴得失却要糊里糊涂，难得糊涂。

作为女孩，心思一定是细腻的，那么当觉察到自己吃了小亏，不如就以吃亏是福安慰自己。当发现自己的人生有太多的不如意，甚至以为是命运在捉弄自己时，不妨告诉自己"天将降大任于斯人也，必先苦其心志，劳其筋骨，饿其体肤，空乏其身，行拂乱其所为，所以动心忍性，增益其所不能"，这样一来就可以继续鼓起百倍的信心和勇气，全力以赴奔向美好的未来。由此可见，难得糊涂不但适用于人际交往中，也适用于与命运的博弈之中。

若男是个糊涂的女孩，从小就大大咧咧、没心没肺的，神经特别大条。如今，若男已经读高一了，但是依然稀里糊涂，妈妈常常说："若男啊，你这么糊涂，将来总有一天被人卖掉。"听到妈妈的话，若男总是莞尔一笑："妈妈，我是糊涂，不是傻。我知道谁是好人，谁是坏人，有的时候事情没有那么严重，我只是不想斤斤计较而已。"

在班级里，若男和露露的关系特别好。露露家里很穷，父母都是农民，黄土地里刨食。据露露说，爸爸妈妈几次劝说她不要读书，辍学打工，都是因为她坚持要读书，才勉强继续。若男也看到露露在经济上很紧张，露

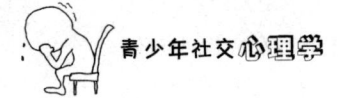

露几乎从来不去食堂吃饭,每天都吃从家里带来的干粮,就着咸菜疙瘩,喝着水。有的时候,看着露露蜡黄的小脸,若男觉得很心疼:露露和我一样大,我每天都吃得那么好,营养均衡,还有水果可以吃,她真可怜,过得这么艰难。这么想着,若男就常常从食堂打饭菜回到宿舍,坚决要和露露一起吃饭,还说自己最喜欢吃露露妈妈做的野菜窝窝头。就这样,一年多过去,若男坚持每周两次和露露一起吃饭,宿舍里有的女孩心细,说若男傻,若男总是不以为然:"我就是喜欢吃野菜窝窝头。"为了避免露露尴尬,若男总是求着露露要吃野菜窝窝头。每个星期回家的时候,若男还会把带来的水果也分给露露吃。露露对于若男的好心知肚明,她很感激,但是从不说出口。直到高中毕业露露去打工,打听到若男大学所在的地址后,在四处奔波打工的过程中,每到一个新的城市,只要手里有钱,她都会当即去买当地最有名的美食邮寄给若男。

还记得"管鲍之交"吗?若男和露露的友谊,像不像管仲和鲍叔牙的友谊呢?都是心甘情愿地假装糊涂,为了帮助朋友而不计回报地付出。管仲心里感激鲍叔牙,露露心里也非常感激若男。如果没有若男的陪伴,她在高中三年的时间里会过得更辛苦,说不定少了这份贴心的照顾和温暖,她根本无法坚持读到高中毕业。人与人的缘分真的很奇妙。

女孩既要心细如发,也要糊里糊涂,这样才能在该细心的时候细心,该糊涂的时候糊涂,这不但有利于调整自己的心态,也有利于在与他人交往的过程中保持从容的心境。常言道,难得糊涂,意思是在大是大非面前要清醒和坚定,而在无关紧要的小事面前要从容和淡定。当然,一个人装糊涂是装不了多长时间的,最重要的在于真正大智若愚,内心笃定,才能收敛锋芒,温柔地面对这个世界。糊涂的女孩绝不是愚蠢的女孩,而是蕙质兰心的女孩,是冰雪聪明的女孩。

第八章
细节决定成败，
青少年以完美细节打造社交形象

细节决定成败，青少年要想在社交中有更好的表现，拥有好人缘，就要注重细节。很多青少年习惯了以自我为中心，很少考虑到他人的需求和感受。殊不知，这样粗心大意、不注重细节的青少年，很难处理好人际关系，也无法在社会交往中脱颖而出。

拥有绅士风度的男孩更会照顾女孩

作为男孩,要有大男子汉的气概,表现出绅士风度。然而,偏偏有些男孩习惯了以自我为中心,因而在做事情的时候,往往会忽略他人的需求和感受。长此以往,男孩无法给他人留下好印象,也会在社会交往中处于被动的状态。明智的男孩不会以自己是男孩为借口,就对很多事情都怀着不以为然的态度。相反,他们知道男孩既要粗线条,也要足够细心,才能最大限度发挥自身魅力,赢得女孩的好感。

青春期男孩正处于情窦初开的年龄,与异性之间从两小无猜到彼此疏远,再到进入青春期后的异性相吸,经历了这个过程,男孩渐渐地长大,最终成为真正的男子汉。男孩要想成为绅士,也要有意识地提升自己在各个方面的能力和素质,尤其是要让自己变得彬彬有礼,注重细节,把很多女孩都没有注意到的细节注意到,才能成功打动女孩的心,也才能在诸多与女孩交往的男孩中脱颖而出。看到这里,很多男孩也许会感到困惑:这是鼓励早恋吗?当然不是。早恋既不应该提倡,也不应该禁止,一切都应发于情,止于礼,这才是最好的安排。所以,男孩想要吸引女孩的注意,在女孩面前有良好的表现,这完全无可厚非。

第八章 细节决定成败，青少年以完美细节打造社交形象

在爸爸的影响下，乐乐最大的理想就是成为一个绅士。原来，爸爸工作的单位有很多西方国家的人，既有英国人，也有法国人。众所周知，英国和法国是世界上盛产绅士的国家，所以爸爸在无形中也提高了对自己的要求。在培养乐乐的过程中，爸爸意识到要想让乐乐未来与国际接轨，不但要关注乐乐的学习情况，也要尽量提升乐乐的素质，这样才能越来越接近绅士，得到他人的认可和赞赏。

有一次，爸爸带着全家和几个知己家庭聚餐。大人们在一起尽情吃喝，孩子们也玩得尽兴。在吃饭的时候，孩子们还不想吃，因而就让饭店的服务员在包间里的茶几上单独上了几道孩子喜欢吃的菜品。妈妈们都要过去照顾孩子，乐乐爸爸说："没关系，别管他们，乐乐会照顾好他们的。"妈妈们都很惊讶："乐乐自己也是孩子呢！"乐乐爸爸大声问乐乐："乐乐，你可以照顾好美丽的女孩们吗？也能照顾好可爱的小弟弟吗？"乐乐马上站立，敬了个礼，对爸爸说："放心吧，完全没问题。"就这样，乐乐一下子变身为保姆，把弟弟妹妹们都照顾得很好。有个女孩和乐乐年龄相仿，也和乐乐一起照顾小弟弟妹妹们，为此，她和乐乐吃饭都很晚。为了感谢这两个孩子的付出，爸爸又点了两盘新菜给他们。乐乐等着女孩夹菜，之后自己才夹菜。在旁边目睹这一切的妈妈们开玩笑道："乐乐可真是个不折不扣的绅士，不知将来谁家女孩有福消受啊！"在场的人都哈哈大笑起来，乐乐觉得很不好意思，脸都红彤彤的。

拥有绅士风度的男孩，不管走到哪里，都会受人欢迎。父母在培养男孩的时候，不要总是因为眼前的利益而教会男孩斤斤计较，要知道，男孩

唯有宽容大度，拥有绅士风度，才能受到大家的欢迎和喜爱。拥有绅士风度的男孩，骨子里有贵族的精神，他们知道什么事情该做，什么事情不该做，也可以在必要的时刻表现出用心和细致，从而给予女孩更加周到的照顾。他们既不会过分热情，让人感到别扭；也不会过分冷漠，让人觉得内心失落。他们不卑不亢，从来不因为任何理由而委屈自己，也不会因为任何理由而漠视他人。

照顾女孩，未必就是对女孩有好感，这是思想的误区。实际上，男孩与女孩之间的情感是非常纯洁的，当拥有绅士风度的男孩照顾女孩时，他一定是因为自己是男子汉，才会给女孩特别的对待。作为女孩，在得到男孩的照顾时，也不要产生误解，更不要忸怩作态。在绅士面前，女孩最该做的就是安然享受这一份贴心，同时优雅地感谢对方，就像一个真正的淑女那样。

第八章 细节决定成败,青少年以完美细节打造社交形象

心细如发的女孩占据主动

在社交中,男孩尽管有很多的优势,女孩的优势也不小。和男孩的神经大条、大大咧咧相比,女孩的心思更加细腻。当女孩发挥心细的优势、用心感受他人的情绪、细心对待他人的需求时,就能成功打开他人的心扉,在社会交往中占据主动。

女孩不但细心,还很善解人意,她们总是会发挥自身的优势,更加了解和体贴他人,也给他人全然不同的感受。尤其是在现代社会中,很多孩子因为从小就被宠溺而形成以自我为中心,对于他人的感受完全置之不理,还有的孩子因为自私而骄横跋扈,可想而知,心细如发、善解人意的女孩如同一股清流,会给他人带来截然不同的感受。有的时候,打动他人的心只需要做好一件小事,而不需要花费那么多心思去刻意逢迎。人都是感情动物,唯独感情,才是社交中的利器。

最近,班级里转学来一位女同学,她叫徐丽。徐丽初来乍到,老师担心她觉得不自在,所以特意安排她和善解人意、心细如发的果果坐在一起。果果在班级里是出了名的细心人,她观察力敏锐,对于同学们需

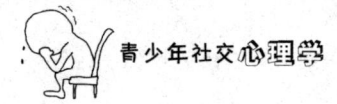

要什么,她也极为留心。她常常给同学们带来感动,是人人都喜欢的知心姐姐。

果然,第一天午餐时间,果果主动喊徐丽一起去吃午饭。徐丽却摇摇头,说自己不饿。果果很纳闷,从食堂吃完饭回来,她看到徐丽正在吃一个干巴巴的面包。后面接连几天,果果都发现徐丽不吃午饭,只吃干面包。果果很纳闷,试探着问徐丽:"徐丽,你住在哪里?也是这附近的小区吗?"徐丽摇摇头:"我家住在很远地方的一个平房里,我爸爸在超市送货,妈妈在超市理货。他们都是打工的。"难怪呢!果果暗暗想,徐丽一定是在吃她妈妈下班之后买的打折面包,这样就可以省下午饭的钱。为此,果果把徐丽的情况告诉老师,老师说:"徐丽家里情况的确比较困难,老师正在给她申请救助金,不过还需要一段时间。"次日,果果打了两份菜,带到教室里吃,给了徐丽一份。徐丽不要,果果说:"徐丽,咱们是同桌呢,不要这么客气。你每天都吃面包,营养跟不上,我妈妈说必须吃得好,才能学习好。老师在给你申请救助金,我每天的餐费标准都很高,我也吃不完,咱们就一起分享,好不好?"徐丽感动得连连点头。因为这一份饭菜的温暖,果果和徐丽成为很好的朋友。徐丽虽然家境贫穷,但是学习成绩非常好,为此,她还常常辅导果果做作业,帮助果果一起进步。后来妈妈得知果果的做法,也非常支持果果,还感谢徐丽在学习上帮助果果呢!

在这个事例中,果果真的非常细心,也很善解人意。她在发现徐丽接连几天都吃面包之后,没有询问徐丽原因,而是旁敲侧击徐丽父母的工作,从而知道了徐丽每天中午吃面包的原因。后来,果果主动多打一份菜给徐丽吃,这样一来,徐丽就可以摄取均衡营养,保持身心健康。这样的体贴和关怀,让徐丽感受到果果发自内心的情意,所以她才会对果果敞开心扉,也才会与果果成为好朋友。

细心的女孩很多,善解人意的女孩却很少,这是因为很多细心的女孩把心思用于斤斤计较上,要想成为善解人意的女孩,要有宽广的胸怀,要能够发自内心地对他人好,要做到理解和包容,让自己在社交之中主动付出,这样才能得到他人的认可,打开他人的心扉。

作为青少年,每个人都要与人为善,因为也许今天是你帮助别人,而明天就该是别人帮助你了。记住,在这个世界上,一个人即使能力再强,也不可能在现实生活中面面俱到。唯有主动对他人付出爱心,在自己需要的时候,才能得到他人的真心对待和帮助。尤其需要注意的是,要想帮助和关心他人,还要以细心去关注他人、理解他人,这样才能给予他人周到的帮助和真心的关怀,也才能与人交好,让人际关系发展得越来越好。

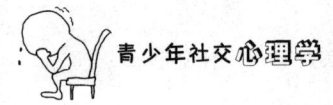

满足他人的细小需求,打动人心

细心的人会发现,很多时候,人生重要的转折点不是出现在关键的时刻,而是出现在很多不为人注意的时刻。这就像打动人心,未必需要做出惊天动地的大事,而只需要在恰到好处的时候满足他人的细小需求,就能成功地打开他人的心扉,使他人真正获得帮助和快乐。

关注他人的细小需求,不但是一种交往方式,也是打动人心的最佳方式。如果说大的需求人人都能注意到,那么细小的需求则需要我们用心去观察,真正去关注。举例而言,很多父母都能观察到并且满足孩子的细小需求,很多孩子对于父母的细小需求却无知无觉。这是因为父母发自内心关心孩子,而孩子因为长期习惯于父母的照顾,根本无法做到全心全意关心父母。在社会交往中,青少年要想打动他人的心,就要满足他人的细小需求;要想满足他人的细小需求,就要真心为他人着想和考虑,也要用心细致地洞察他人的需求。唯有如此,才能做到全心全意关心他人,也才能成功地打动他人的心,从而建立良好的关系、维持良好的情谊。

有一天中午,同事们点了外卖一起吃。在休息室里,郭燕刚刚打开外

第八章 细节决定成败，青少年以完美细节打造社交形象

卖，就惊呼了一声："天哪，我点的宫保鸡丁，里面怎么这么多辣椒呢？！宫保鸡丁不应该是甜口的吗？"其他几个同事听到郭燕的呼声，都看着郭燕，有的同事给郭燕出主意："准备一瓶冰镇甜饮料吧，这样觉得辣的时候，喝一口饮料就没有那么辣了。"还有的同事告诉郭燕："要不准备一杯白水，把菜放入里面涮一涮再吃。"郭燕皱着眉头，说："我还是再点一份吧！"

这时，加入公司没多久的李娜端着自己的饭走到郭燕面前："郭燕姐，我点的是糖醋里脊，我还没吃呢，要不咱们交换着吃吧。"郭燕有些犹豫："你能吃辣吗？"李娜说："能啊，我最喜欢吃辣的。你如果现在重新点餐，送来都要半个小时以后了，就没有时间午休了。就交换吧，我最喜欢吃宫保鸡丁，还得感谢你呢！"就这样，郭燕和李娜交换了饭菜，郭燕吃着糖醋里脊，李娜吃着宫保鸡丁，不时地喝一口冰镇饮料："我觉得这个厨师一定是把宫保鸡丁做成辣子鸡丁了，我这么能吃辣的人，都觉得有点儿辣呢！不过真的很过瘾，我想我以后还会再点这道菜的。"听到李娜对于这道菜的评价这么高，郭燕才放下心来。后来，郭燕常常帮助李娜，每当李娜在工作上遇到问题，郭燕也总是给予李娜有效的指导。在郭燕的带动下，李娜进步很快，也在公司里站稳了脚跟。

李娜是一个非常聪明的女孩，看到郭燕点的菜是辣的，她没有和其他同事一样瞎出主意，而是把自己不辣的饭菜换给郭燕吃，而自己选择吃辣的饭菜。这一则是因为李娜本身就喜欢吃辣，二则也是因为李娜注意到郭燕的真正需求，所以当机立断向郭燕伸出援手。正是这一件小事情，让郭燕认识到李娜的心地很善良，也让郭燕从此认定李娜这个小姐妹。相比起

·149·

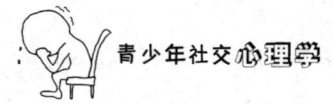

其他同事东一句西一句不咸不淡的话，李娜的做法当然是非常到位的，所以才能打动郭燕。

常言道，锦上添花不如雪中送炭。对于肚子正饿却没有可口饭菜吃的郭燕而言，李娜的举动就像是一场及时雨，把她从困境解脱出来。在人际交往的过程中，青少年也要学着为他人着想和考虑，尤其是在他人的需求得不到满足时，青少年如果留意到他人的特殊需求，就要尽量帮助他人排忧解难，这样的贴心举动，很容易打开他人的心扉，从而得到他人的真心对待。

当然，细节总是不起眼的，尤其是那些细小的需求，更是需要用心观察才能留意到。这就要求青少年在成长的过程中，有意识地提升自己的细心程度。例如，在日常生活中留意到父母的需求，从而用心帮助父母排忧解难；在与同龄人相处时，也要用心观察同龄人的需求，并想方设法满足同龄人的需求，这样才能占据主动。每一个人在社会交往中，既渴望得到他人的帮助，也要主动地帮助他人，这样才能与他人建立良好的人际关系，也让自己在社会交往中如鱼得水，游刃有余。

第八章 细节决定成败，青少年以完美细节打造社交形象

因人而异，有的放矢与他人相处

人心是这个世界上最复杂的东西，人与人之间的关系，是最难以把握的。方寸之间，也许事情就会有截然不同的发展，所以每个人在与他人相处的过程中都要更加用心细致，也要根据交往对象的不同"因人制宜"，有的放矢地与他人相处。

人与人的关系非常特殊，可以很近，也可以疏远到以光年作为计量单位。如何恰到好处把握好人际关系，是处理好人际关系的关键所在。当然，感情这么微妙，每个人对感情的标准和界定也是不同的，所以我们还要根据交往对象的不同去处理关系。

总体而言，处理好人际关系要坚持以下几个原则。

第一个原则，距离产生美。过度亲近只会让人心生厌倦，也会让原本和谐融洽的关系变得紧张和疏远，所以要把控好人际交往的距离。

第二个原则，害人之心不可有，防人之心不可无。随着渐渐长大，青少年从懵懂无知的儿童趋于成熟，因而交往的范围也在不断扩大，接触的人群也越来越复杂。在这种情况下，青少年生存的环境不再那么简单纯粹，一定要提高警惕心理，保护好自己。

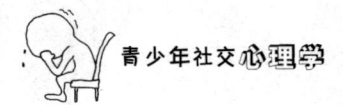

第三个原则，对朋友的付出不要斤斤计较，人情总是相互的，有付出才有回报。很多青少年在社会交往中非常小心，对于自己的付出和收获也总是斤斤计较。殊不知，没有付出就没有回报，人情是长期储蓄，如果不能长期积累和坚持，交往很难有好的结果。

第四个原则，把握适度原则，既不要过于亲近，也不要过于疏远。亲近和疏远都是相对而言的，对于不同的人际关系，亲近和疏远的标准也各不相同。例如，父母与子女之间亲密无间，但是当把这种距离用于与普通的长辈之间，就显得不合时宜。知己之间无话不谈，但是如果不管见到哪个陌生人都与他们倾心相待，无话不谈，则会因为过度热情和过于坦诚，而让人心生反感：我与你走得有那么近吗？第一次见面就这么热情和坦诚，是不是有些不正常啊？这正印证了那句话，凡事皆有度，过犹不及。

所以，青少年要想与他人之间友好相处，就要准确界定自己与他人的关系，从而针对关系做出相应的举动。

"因人制宜"与人相处，除了要界定彼此之间的关系之外，还要根据对方的身份、地位和脾气、秉性等，采取不同的交往策略。有些人天生性格内向，不适应自来熟，那么我们即使热情开朗大方，也要有所收敛。有些人天生性格外向，不管见到谁都能与之攀谈起来，针对这样的交往对象，就要放松心情，不要过于紧张，否则会破坏交谈的氛围，也把紧张的情绪传染给他人。总而言之，交往至少是双方的事情，一定要两相得宜，才能让交往顺利推进。否则，只要有任何一方对于交往不感兴趣，或者心中有隔阂，甚至心怀芥蒂，那么交往就会因此而卡壳，无法进展下去。

乐乐与马品宣是好朋友，也是铁哥们。他们不仅在学校的时候交往密

切,在日常生活中也常常有来往。幸运的是,在小升初的考试中,乐乐与马品宣被同一所中学录取,还被分到同一个班级里。这样,他们的同学情谊就可以延续下去。

原本,乐乐与马品宣都非常优秀,学习成绩不相上下。但是进入初中之后,也许是因为学习难度加大,也许是因为不适应初中生活,马品宣在学习方面退步很大。看到好哥们经常被老师批评,也被学习弄得焦头烂额,眼看着期中考试在即,乐乐想出了一个馊主意。考试那天,马品宣正坐在乐乐后面,乐乐故意把试卷拖到桌洞下面放着,这样一来,马品宣从乐乐张开的胳膊下面,正好把试卷看了个清清楚楚。结果,考试成绩出来,马品宣和乐乐的成绩一模一样,就连错的地方都一样。老师当然知道,这一定是互相抄袭的结果,为此,老师把马品宣和乐乐都批评了一通。后来,妈妈知道这件事情,问乐乐为何要这么做,乐乐委屈地说:"我是为了帮助朋友。"妈妈不由得感到好笑:"你这是帮助朋友吗?你这是害了马品宣。你如果每次考试都给他抄,只会导致他的成绩越来越差,那么我问你,到了初中升高中考试的时候,到了高考的时候,你还能这么帮他吗?"乐乐被妈妈问住了,仔细考虑一番,他觉得妈妈说得很有道理。

后来,乐乐和马品宣约法三章,其中一条就是考试之前复习,乐乐对马品宣知无不言,言无不尽,但是考试的时候,都要规规矩矩地考试,谁也不要寄希望于抄袭。随后的月考中,马品宣因为没有再抄袭,考试成绩退步很多。看到孩子的成绩,马品宣妈妈很着急,当即在课外为马品宣报名参加了补习班。之后,在各方面的努力之下,马品宣的成绩稳步提高。

要对朋友好,甚至为了朋友两肋插刀,这是很多热血沸腾的青少年都

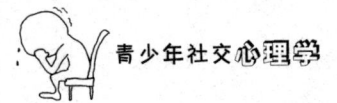

有的想法。然而，这样的想法并不正确，尤其不分青红皂白就以错误的方式帮助朋友时，非但不是帮助朋友，反而是害了朋友。幸运的是，老师发现了乐乐和马品宣的小伎俩，也及时给他们敲响警钟。学习是每个人自己的事情，朋友之间关系再好，也不要违背这个原则。对待朋友，不但要因人制宜，还要因事制宜，否则总是毫无原则、不分青红皂白地向朋友妥协，必将导致事情越来越糟糕，相处也彻底失去底线。

每一种社交关系都是非常复杂且微妙的，要想在社交中达到预期的目的，也维护好得来不易的友谊，就要坚持一定的原则，不要因为朋友的请求就一时心软，变得和朋友一样糊涂，做出不利于朋友成长的事情。作为青少年，往往义气当先，也会因为冲动而做出过分的举动。在这种情况下，一定要努力调整好心态，始终保持情绪的稳定和平静，才能不因为感情冲动而被冲昏头脑，也才能真正有效地建立良好的人际关系，让自己和朋友都从这段健康的关系中获益。

第八章　细节决定成败，青少年以完美细节打造社交形象

遭遇尴尬时，主动帮忙打圆场

在人与人相处的过程中，每个人的脾气秉性各不相同，在遇到不同情境时，也总会做出截然不同的反应和应对措施。作为青少年，要想在社交中脱颖而出，受到他人的欢迎，不妨在他人面临尴尬时，主动帮忙打圆场，这样一则可以帮助他人解围，二则还可以给他人留下好印象，从而与他人建立良好的人际关系。

越是在人多的场合，尴尬越是不期而至，有的时候，所有人都陷入冷场，不知道该如何应对，就会显得更加尴尬。那么，青少年应该如何帮助他人消除尴尬呢？首先，如果青少年单独与某人相处，对方因为一些无法控制的事情陷入尴尬，那么最好的办法就是不说破，假装不知道事情的发生，这样一来，尴尬就会不攻自破。其次，如果在人多的场合发生争执，那么只要问题不是事关重大，就不要总是与他人争执不休，而可以主动示弱，从而以自我解嘲的方式帮助自己和他人化解尴尬。最后，对于那些已经陷入尴尬的人，不妨采取角色认同的方式，表示你很同意他们的观点，这样他们也就不会觉得那么难堪了。

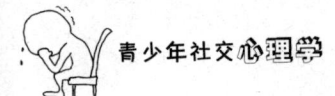

在电视剧《芙蓉锦》杀青的时候，导演携主演和众多演员一起召开记者招待会，为即将播出的电视剧造势。这部电视剧的主演是台湾演员何××，其因为出演《一米阳光》成名，成名后受到很多粉丝的喜爱。不过，何××并非非常英俊潇洒帅气的演员，所以他也常常被不喜欢他的观众们指责长得太丑。在片场，何××始终非常友善，也有耐心，对于记者的提问，他总是用心回答。正当记者招待会在和谐融洽的氛围中顺利进行之际，突然有个记者站起来，带着挑衅的语气问道："何××先生，据说最近一家知名网站对亚洲最丑明星进行了排行，你位居第二。请问对此你是怎么看的？"

这个问题一经提出，全场哗然。不管是在场的其他记者，还是坐在台上的导演和演员们，全都神经紧张起来，生怕一场和谐的记者招待会会因此闹得不欢而散。尤其是导演和演员们，也知道这个问题绝不仅仅是针对何××，而是带有些许砸场子的意味，因而他们也很担心何××会失去控制，勃然大怒。正当大家都陷入尴尬之中不知道如何解围时，没想到作为被质问的对象何××微微一笑，说："我真的很荣幸，因为我终于在亚洲能够排得上名次了。不过，我也很遗憾，因为这张脸忠心耿耿地跟了我这么多年，我却只给它争取到第二的名次。要是我能当第一，那就更加对得起我这张脸了。"何××话音刚落，现场就响起热烈的掌声，大家都为何××机智幽默的回答感到钦佩，也因此对何××刮目相看。导演和众演员都长长地松了一口气，尴尬解除了，他们又可以继续与现场的记者们展开互动，从而圆满结束记者招待会。

这个记者对于何××的提问，不但关系到何××个人，也是对于整

个记者招待会居心叵测的破坏。为此,全场都陷入尴尬之中,导演尴尬而又紧张,因为担心何××应对不恰当,就会被别有用心的记者抓住错误做文章;演员尴尬,因为同为演员,他们不想作为同行的何××遭遇这样的挑衅,也许他们心中还会为此而感到愤愤不平;其他记者也很尴尬,说不定他们还有很多提问都没有进行呢,如果就这样闹得不欢而散,岂不是错失了采访的好时机。所以,这个问题一出,全场都感到非常尴尬,而处于"风暴中心"的何××却聪明机智,以自嘲的方式成功地化解了自己的危机,也成功地赢得了在场每一个人的钦佩。

有谁愿意陷入尴尬之中呢?当然,人人都不愿意,但是有的时候尴尬就这样突如其来,让人无法从容应对。每当这时,就要发挥聪明才智,最大限度调动积极性,也激发自身的所有潜能和力量,避重就轻,圆满解决问题。当然,对于青少年而言,正处于人生发展的特殊时期,心理不稳定,情绪容易激动,所以不一定具备如此从容和圆滑应对尴尬的能力。不过也没关系,因为人从来不是生而成熟的,每一个人的进步都要在成长的过程中通过点点滴滴的积累才能实现。作为青少年,在日常的人际交往中,要有意识地培养和提升自己应对尴尬的能力,也要有效地缓解内心的紧张和焦虑,还要让自己变得博学多才,这样才能在危急时刻从容应对,也才能把自己和他人都从尴尬的境遇中解救出来。

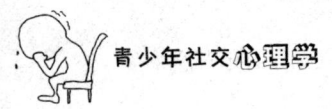

赞美他人不为人注意的优点

人的本能就是趋利避害，人人都希望听到他人的赞美之言，而不愿意被批评、指责和否定，这是本能使然，无可厚非。在人际交往中，尽管很多人都知道赞美的重要性，却很难真正做到赞美他人。这是因为赞美说起来容易，做起来很难，尤其是要想把赞美说得恰到好处，获得事半功倍的效果，更是难上加难。有的时候，赞美得不合时宜，或者没有找到合适的切入点，反而会事与愿违。

作为青少年，要想建立良好的社交关系，就要学会运用赞美。赞美要讲究一定的原则和技巧，才能运用得炉火纯青，起到良好的效果。首先，赞美要恰到好处。凡事皆有度，过犹不及。赞美不到位，无法起到作用；赞美过火，则让人感到虚假。只有恰如其分的赞美，才能打动他人的心，让他人感受到被赞美的愉悦。其次，赞美要适时。凡事都要讲究时机，如果不能把握合适的时机，赞美甚至会引起他人反感。例如，赞美一个正在伤心的人，难道能驱散他的伤心和忧愁吗？不能，只会让他反感，甚至连你在赞美他什么都听不清楚。再次，赞美要真诚，要详细具体。有很多人在赞美他人的时候，总是说一些空洞的话。殊不知，这样的赞美给人的感

第八章 细节决定成败，青少年以完美细节打造社交形象

觉很空洞，毫无用处。最后，要想成功打动他人的心，还要赞美他人不为人知的优点。对于很多优秀的人而言，他们已经得到了很多泛泛而谈的赞美，他们显而易见的优点更是不知道被赞美了多少次。这样一来，再赞美他们显而易见的优点，显然无法起作用，只有认真仔细地观察，赞美他们不为人知的优点，才能成功打动他们的心，也让他们感到这样的赞美是非常用心和真诚的。

赞美他人不为人注意的优点，这个优点可以是独特的品质，也可以是某一项特殊的技能，还可以是衣着打扮方面的独具匠心，或者是一次小小的善意举动。很多青少年因为观察不够细致，总是无法很好地发现他人的优点，殊不知，正如一位名人所说的，这个世界上并不缺少美，缺少的只是发现美的眼睛。对于青少年而言，他人也并不缺少优点，缺少的只是发现优点的细心和火眼金睛而已。既然如此，青少年一定要更加用心对待他人，才能在人际交往中认可和欣赏他人，也才能给他人留下好印象，建立良好的人际关系。

有一天，妈妈和乐乐一起去小姨家里做客。小姨的厨艺很高超，到了中午吃饭的时候，她为大家准备了很多美味的食物。正当大家都对美食啧啧赞叹的时候，乐乐发现小姨家里的餐具是一整套青花瓷的，为此真诚地对小姨说："小姨，你真是格调高雅，这套青花瓷餐具是出自景德镇吗？"其实，乐乐并不能甄别餐具的产地，只是看到这么古风的餐具，情不自禁就想起景德镇而已。小姨欣喜地说："乐乐，你居然知道这套餐具是景德镇的，真是太厉害了。没错，这套餐具是小姨去江西出差的时候，特意从景德镇人肉背回来的。我一看这套餐具就特别喜欢，古色古香，一种古朴

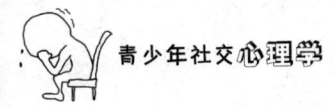

的气息扑面而来。当时觉得要带回来太沉,还犹豫了一下呢!"乐乐赞叹道:"难怪看起来这么特别!"

吃完午饭,整整一个下午,小姨都对乐乐赞不绝口,似乎平日里常见的乐乐,一下子变得与众不同。其实,这都是乐乐赞叹小姨独具慧眼购买景德镇餐具的结果。

作为小姨,在得到乐乐的赞美之后,马上变得兴奋起来。乐乐的赞美之所以成功,最重要的在于大家都在赞美美食,而小姨的厨艺早就得到了大家的一致认可,所以关于美食的赞美对于小姨而言早已司空见惯。唯独乐乐赞美小姨的餐具,让小姨感到自己的独具匠心有人欣赏,也因此而激动不已。

人人都希望得到他人的赞美,但是对于那些已经泛滥的赞美,要想取得良好的效果,显然是不可能的。青少年虽然还没有完全成人,却也已经具备思考能力、一定的鉴赏能力和遣词造句能力。在赞美他人时,不妨多用心,赞美他人不为人关注的优点以及与众不同之处,这样才能一语中的,最大限度满足他人想要得到赞美的愿望,也让有的放矢的赞美成功地打动他人的心。常言道,好钢用在刀刃上,当把赞美恰到好处地说到他人的心里去,打动他人的心,那么赞美就会起到事半功倍的良好效果,也有利于青少年拓展人脉关系,丰富人脉资源。

第九章
真诚用心与人相处，
给他人留下好印象

人是感情动物，人的感觉是非常敏锐的。曾经有心理学家观察婴儿后发现，哪怕是只有几个月大的婴儿，面对着正在微笑的父母，他们也会露出笑容。而当父母突然间板起面孔、一脸正经时，婴儿也会收起笑容，变得面色凝重。小小的婴儿对于他人的情绪感知尚且如此敏锐，更何况是青少年呢？人的情感总是相互的，青少年要想给他人留下好印象，得到他人的真诚对待，首先要真诚用心地对待他人，给予他人更多的关注，才有可能如愿以偿建立良好的人际关系。

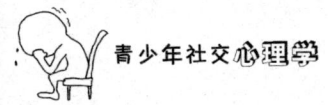

知面识人,通过表情洞察人心

除了口头语言表达之外,人与人之间的沟通和信息传递还有很多种方式,如书面语言表达、面部表情、肢体语言等,这些都可以作为口头语言表达的辅助方式。尤其是面部表情,因为常常与人在进行口头语言表达时的情绪情感紧密联系,所以在沟通中起至关重要的作用。心理学家经过研究证实,在沟通过程中,语言表达只起到一部分作用,而面部表情、肢体语言等起到相当大的作用。接下来,我们就要具体研究青少年如何知面识人,通过表情洞察人心。

众所周知,人有五官,眉毛、眼睛、鼻子、耳朵、嘴巴。在五官之中,耳朵相对固定,只起到倾听的作用,眼睛、鼻子、嘴巴的动作则构成了丰富微妙的面部表情。如果细心观察,我们就会发现,当人在情绪悲伤的时候,往往嘴角下垂,眼睛里黯淡无光;在极度伤心的情况下,人的眼睛还会红红的;当人在情绪愉悦、兴致勃勃的时候,眼睛里往往会散发出光彩,嘴角因为高兴而微微上翘;在欣喜若狂的情况下,人们还会咧开嘴巴大笑;在凝神沉思的时候,人的面部表情相对凝重,眉头紧皱,鼻翼也会翕动,这意味人正在集中精神思考……总而言之,在不同的心情状态下,人的表

情也是截然不同的。要想通过面部表情识别他人的心情,洞察他人的内心,青少年首先要了解各种不同的面部表情分别代表怎样的情绪。也许有些青少年会说:面部表情那么多,我如何能够一一了解呢?的确,面部表情的变化是非常丰富的,而且不同的人在不同的情绪状态下,也会做出不同的面部表情。但是,要想根据具体的人和表情去洞察内心,青少年就要了解基本的情绪状态与面部表情之间的对应关系,这样才能在心理分析基础上,有的放矢,分析每个人不同的面部表情。

在诸多面部表情中,尤其需要注意观察人的眼睛。众所周知,眼睛是心灵的窗口,当对某个人的眼睛进行细致入微观察时,就相当于走进了他的内心。青少年除了要通过眼睛来了解他人之外,还要注意调整自己的眼神,不要让自己的眼神给他人带来不好的感受,从而引起他人的反感。例如,当与陌生人初次见面时,不要直勾勾地盯着对方的眼睛看,否则会让对方误认为你在挑衅,也感受到你的无礼。即使是与熟悉的人对视,也不要一直盯着对方的眼睛,为了避免对方产生被侵犯的感觉,可以看着对方的面部三角区,这样一来随时都可以进行眼神的交流,既不会让对方产生被无视的愤怒,也不会让对方产生被侵犯的紧张和焦虑。有很多含情脉脉的情侣,还会用眼睛说话或表情达意,这些都充分说明眼神在沟通中的重要作用。

尤其需要注意的是说谎的表情。很多人都是有预谋地说谎,为此他们说出来的话非常圆满和周全,基本上可以做到自圆其说。但是,表情会出卖他们,除非心理素质超级好的人,大多数人在说谎的时候都会呈现出特定的谎言表情:撇着嘴,以此来掩饰自己的内心;谎话连篇,似乎说得越多越能够掩盖他们撒谎的事实;眼神游移不定,有的时候还会

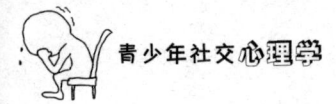

情不自禁地抚摸鼻子,眼珠往左上方翻转……这些无意间做出的动作,总是会残酷地暴露人们撒谎的行为和紧张的内心。当看到有人做出这样的动作时,青少年基本可以判断出对方在撒谎。当然,青少年在撒谎的时候,也会做出这样的举动,也有可能被他人识破。因而,在人际交往中,青少年应该本着真诚友善的原则,尽量不对他人撒谎。在识别他人的谎言之后,如果他人的谎言并没有造成恶劣的后果,为了维护他人的尊严,也不要当众揭穿他人,而是可以采取旁敲侧击的方式,询问他人真实的情况到底如何。

总而言之,社会交往是很复杂的,人在交际过程中说的话无非两种,一种是真话,一种是假话;与之相对应的,人的表情也分为两种,一种是真情流露的,一种是掩盖真相的。青少年只要用心观察,并根据事情发展的实际情况做出推断,就能有效地识别他人的谎言,从而保护自己。对于那些表情真挚自然的人,青少年也一定要以真诚的心相待,因为这样才能以真心换取真心,也真正做到知面识人。

第九章 真诚用心与人相处，给他人留下好印象

肢体语言是无法掩饰的内心讯号

面部表情也许可以掩饰，尤其是当人们在有意识的思维活动下调整面部表情时，面部表情往往带有很大的欺骗性。那么，如何识面知人呢？要想洞察他人的内心，最好的方式就是观察他人的肢体语言。和面部表情相比，肢体语言往往更能够表现出人深层次的心理活动。尤其是很多细微的肢体动作都是无意识做出来的，因而更加无法掩饰。

肢体动作，除了身体的动作之外，主要还包括四肢的动作。人的双手除了能够制造工具、从事生产劳动之外，也可以进行很多动作。人的双脚除了独立行走之外，也可以表露很多"言外之意"。虽然脚部的动作没有手部的动作那么精细，但是同样可以表现出人深层次的心理状况。因而，青少年如果想通过肢体动作了解他人，就要更加关注他人的手部动作、不易觉察的脚步动作和身体的大动作。只有把他人的肢体动作都看在眼里，也用心分析，才能洞察他人真实的心理活动，从而有助于推动人际交往顺利向前发展。

心理学家经过研究发现，越是细小的肢体动作，越是能够表现出他人的微妙心理活动。例如，有人在交谈过程中总是不自觉地触摸鼻子，如果不是因为鼻子真的很痒，则很有可能是对方在撒谎。当人们在撒谎时，身

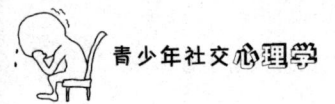

体内会分泌出一种叫作儿茶酚胺的化学物质。这种物质的分泌,导致鼻腔内部的细胞变得肿胀,因而鼻子会感到很不舒适,所以撒谎的人总是情不自禁地触摸鼻子,以此来缓解不适。有些用心巧妙的人尽管可以把谎撒得天衣无缝,但是不知不觉间做出来的细小动作泄露了他们内心的真实状态。

还有的人在紧张焦虑的时候,会不自觉地做出抓耳挠腮的动作。尤其是进入陌生的环境或者面对他人的质疑时,人们更容易因为焦虑而抓耳挠腮。因而在与他人的沟通中,如果明显感觉到他人在抓耳挠腮,最好结束紧张的话题,找到合适的话题缓解他人的焦虑情绪,然后再酌情继续交谈。此外,在交谈中,也常常有人会把双臂交叉环抱胸前,这明显表现出一种拒人于千里之外的态度,是自我防御的典型姿态。当然,在社交之中,还有很多细小的肢体动作,这都需要根据交谈对象、交谈的进展情况随机应变。青少年要想在沟通中做出积极的改变,占据优势和主动,就要认真细心地观察他人的肢体动作,从而做出准确的判断和应对。

作为公司的首席谈判官,莫非代表公司和客户公司代表展开谈判。针对这次合作,他们此前已经进行了好几次沟通,而且在谈判的上半场也进展顺利,原本莫非以为谈判会很快结束,没想到客户公司的态度发生转变且非常坚决,这使得谈判陷入僵局。

从下午两点钟开始谈判,白热化阶段已经持续了两个多小时,眼看着时钟就要指向五点,莫非知道,如果不能在六点前结束谈判,夜长梦多,说不定一个晚上之后,谈判的局势还会有大的变动。为此,莫非决定给对方施加压力,尽量争取在剩下的短暂时间里,让谈判速战速决。这么想着,莫非让秘书给自己打了个电话。电话铃声响起,莫非拿起手机去会议室外

接电话。等到通话结束，莫非折回的时候，没有坐在原来与对方正对着的座位上，而是随意地坐在靠近门口的位置，而且把脚尖朝向门口。莫非把这一切都进行得自然连贯。对方丝毫没有看出破绽，对方看到莫非的变化，主动说："要不这样，我觉得我们也谈了很久，如果功亏一篑是非常可惜的。所以，我现在马上打电话请示上级，尽量争取退让一步，把交易达成。"莫非心里在微笑，脸上却做出有些厌烦的表情，眉头微微皱起来，说："好吧，希望你尽快。我在这里等你。"对方拿起手机去外面打电话，回来之后，做出很大的让步，莫非为了表示诚意，也在请示上级之后做出小的让步，从而顺利达成交易。

在这场谈判中，前面的谈判都是必不可少的铺垫，到了关键时刻，莫非在接电话之后做出的肢体动作，向对方施加了极大的压力，也导致对方内心着急，因而主动做出让步，从而在最短的时间内结束谈判。这就是肢体动作的超强作用，能够让莫非在最短的时间内以压力迫使对方改变，也让一切都进入新的发展阶段。

在社会交往中，青少年因为社会经验不足，往往会陷入被动的状态。要想提升社会交往的能力，青少年除了要提升语言表达能力之外，更要认真细致地了解肢体语言，及时捕捉他人的肢体语言，从而感知他人的情绪，洞察他人的内心，也让沟通顺利进行。

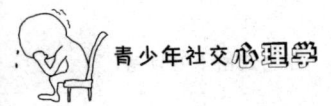

维护他人颜面，掌握批评的艺术

人人都渴望得到赞美，而不希望被否定和批评。在社会交往中，除了要学会赞美他人以拉近与他人的距离、维护与他人的情谊之外，还要掌握批评的艺术，这样才能让批评恰到好处，取得预期的效果。掌握批评的艺术，既不能当众批评他人，即便批评的时候也要掌握语言表达的技巧，才能让批评起到事半功倍的效果。如果因为批评而与他人关系破裂，就会导致事与愿违。

现实生活中，很多人都是炮仗的性格，他们总是直来直去，很少会委婉地表达。尤其是在他人伤害自己时，他们更是会歇斯底里，根本无法有效地控制自身情绪。实际上，这样的情绪爆发非但不利于解决问题，反而会导致问题朝着相反的方向发展，越来越恶化。由此可见，批评不但是艺术，也是技巧，唯有学会批评的人，才能在人际交往中避免踩雷，也才能有效维护好与他人之间的关系。

莫莉是卡耐基的助理，主要负责帮助卡耐基处理一些文件、准备演讲的稿件及做好办公室的各项事务。有一天傍晚，马上就要下班了，卡耐基

第九章 真诚用心与人相处，给他人留下好印象

才提着公文包回到办公室。一进办公室，卡耐基就对莫莉说："莫莉，明天临时安排了一场演讲，这是演讲的主题，你马上帮我准备下演讲材料。"说完，卡耐基又离开办公室。莫莉接过卡耐基递过来的文件，当即开始准备。

准备完演讲材料，已经超过下班时间半个小时，莫莉急着下班，就把材料放到卡耐基的办公桌上。次日，卡耐基拿着莫莉准备的材料去演讲，结果一开口就惹得全场哗然，只听到卡耐基拿着演讲稿读道："最近，关于奶牛产奶量的提升问题……呃……呃……"看到台下的听众先是鸦雀无声，随即又爆发出哄笑声，卡耐基意识到演讲稿出了问题，当即放下演讲稿，开始针对演讲的主题即兴发挥。幸好卡耐基平日里功课做得扎实，所以即兴演讲进行得非常顺利，赢得了听众们的一致好评。

演讲结束，卡耐基回到办公室。莫莉问道："卡耐基先生，今天的演讲进行得怎么样？"卡耐基说："非常好，一开场，全场听众就哄然大笑。"莫莉有些疑惑："为什么呢？这也不是说笑话呀！"卡耐基说："面对这些迫切想要知道成功秘诀的人，我却说起了关于奶牛产奶量的问题，你觉得他们不会感到好笑吗？"说完，卡耐基从公文包中拿出莫莉准备的演讲稿，给莫莉看。看到演讲稿，莫莉马上羞愧得低下头："对不起，卡耐基先生，我昨天着急下班，把演讲稿给弄错了。"卡耐基笑起来："没关系，莫莉，我还得感谢你呢！你这次失误正好帮助我验证了即兴演讲的能力，我想下次再有即兴演讲的机会，我一定会发挥得更好。"莫莉赶紧表态："卡耐基先生，我保证绝对不会再有下一次了。"

这个事例中，卡耐基正是利用正话反说的方式，让莫莉对于自己的错误有了深刻的认识，所以莫莉才会主动向卡耐基保证这样的情况绝对不会

再发生。这样一来,卡耐基不但达到了批评莫莉、让莫莉下不为例的目的,也维护了莫莉的尊严和颜面,让莫莉对卡耐基心怀感激。不得不说,这是批评最高的境界,既达到了批评的目的,也维护了良好的人际关系,还让被批评者对批评者心怀感激。要想提高自己的批评能力,青少年一定要做到以下几点。

首先,批评他人的时候,如果说批评是苦口的黄连,那么就要给批评包裹上糖衣。就像很多人都吃过的黄连素一样,黄连本身是非常苦的,因此用黄连做出来的药物也很苦涩,让人难以下咽。那么,如果在黄连素外面包裹上糖衣,当把黄连素放入口中,就不会马上感觉到苦味,也就更方便服用。有的时候,根据交往对象、批评的时机和场合的不同,也要把批评变身成为糖衣炮弹,这样才能最大限度发挥批评的作用,也有利于维护好人际关系。

其次,不要当众批评他人。人人都有自尊心,如果总是当众批评他人,就会伤害被批评者的自尊心,导致他们恼羞成怒,非但无法起到批评的效果,还会导致人际关系破裂。这样一来,批评就失去原本的作用。

再次,批评要讲究方式方法,因人而异。每个人的脾气秉性都是不同的,对于批评的承受能力和适用性也是不同的。批评他人,一定要根据不同的对象"因人制宜",这样才能让批评的效果最好。

最后,批评也可以正话反说,以表扬的方式进行,更容易获得最佳效果。有的时候,正话反说的效果是非常强烈的,更容易让他人进行自我反思,明确自己的错误,从而积极有效地改正错误。在这样的主动改正之下,批评的终极目标得以实现,当事人也会取得更大的进步,收获更多。

此外,一定要注意的是,批评一定要就事论事,而不要因为某个人犯

第九章 真诚用心与人相处，给他人留下好印象

了一个错误，就不分青红皂白地全盘否定这个人。人非圣贤，孰能无过，一个人犯了错误，并不代表他整个人都要被否定。因而，聪明人在批评他人的时候，会针对具体的事情发表言论，而不会以任何方式诋毁他人、侮辱他人，更不会肆无忌惮攻击他人。而且，批评他人的时候也不要翻旧账，很多人一旦被愤怒冲昏头脑，总是把他人曾经的错误都一股脑地列举出来进行数落指责。殊不知，这样的批评方式只会导致事与愿违，也很有可能激发对方的逆反心理，从而导致事情朝着更糟糕的方向发展。总而言之，青少年要记住批评的目的，那就是让对方意识到自身的错误，努力地改正错误，而不要侮辱或者攻击对方。批评的是为了更好地交往、合作，而不是让原本还不错的人际关系戛然而止。所以，青少年一定要掌握批评的技巧，学会批评，把批评运用得恰到好处，才能对人际交往起到积极的推动作用。

嘴下留情,把话说得和颜悦色

当情绪不同,一个人在表达的时候也会采取不同的方式,这是因为情绪往往影响人的语言要素,如声调、语速、措辞等。在与人沟通的过程中,青少年要想把话说得和颜悦色、嘴下留情,首先要保持良好的情绪。

在社交中,经验丰富的人总是能够通过不同的说话方式,洞察他人的内心状态。当一个人在交谈之中对于自己的事情绝口不提,这或许意味着他很自卑,不想说起自己的事情;也有可能他警惕心很强,很善于自我保护。当一个人说起话来总是滔滔不绝,意味着他很健谈,也意味着他有强烈的自我表现欲;当一个人说起话来总是咬牙切齿、把话说绝,则意味着他的心理状态很容易走向极端,情绪也会陷入冲动之中。作为青少年,不但要在社交中通过语言表达了解他人的所思所想,也要和颜悦色对待他人,从而表现出自身的良好情绪、优秀素质与涵养。

有一天,慧慧和妈妈一起去超市购物。因为是周末,所以收银台前排队结账的人很多,慧慧和妈妈找到一个相对较短的队伍,推着购物车去排队。她们一边排队,一边聊天。突然,有个中年女人推着购物车走到慧慧前面,想要加塞。

第九章 真诚用心与人相处，给他人留下好印象

妈妈很生气，但是不想争吵，因而准备忍气吞声。这个时候，慧慧和颜悦色地对那位中年女人说："您好，阿姨，我们一直排在这里，您刚才可能没看见。不过，排队结账大家都很着急，虽然我们可以让您，但是我们后面还有很多其他排队的人呢，所以希望您可以去征求一下他们的意见。如果他们同意，您继续插队，如果他们不同意，希望您可以去队尾处有序排队，毕竟我们的态度不能代表后面排队的人。"经过慧慧这一番表达，中年女人自知理亏，当然没有去问其他人是否同意，而是灰溜溜地去队尾处排队。

在这个事例中，慧慧的劝说之所以能够起到良好的效果，没有激怒中年女人，就是因为慧慧说起话来有理有据，表现出自身的高素质和高涵养。在慧慧温言细语的劝说之下，中年女人当然不好意思继续厚着脸皮插队，更没有颜面去询问其他人是否同意她插队，这样一来，她只能去队尾处排队，慧慧也就和平地解决了问题，达到了制止插队的目的。试想一下，假如慧慧劝说中年女人的时候声色俱厉，则中年女人很有可能因为失去颜面而与慧慧争执起来，更有可能导致矛盾和冲突升级。在处理任何问题的时候，我们都要以和平为最高原则。

青少年原本就处于成长发育的关键时期，如果不能控制好情绪，对人说话总是和像吃了枪药一样充满火药气味，则很容易导致与他人之间关系紧张，也会使得原本友好的关系变得剑拔弩张，濒临崩溃。作为青少年，一定要更加和颜悦色对人，尽量和平解决问题，而不要过分夸大语言的力量。记住，他人对待你的态度，是由你对待他人的态度所决定的。任何时候，要想得到他人的友好对待，首先要友好对待他人。这是人际交往的基本原则。

尊重,是人际交往的基础

尊重是人际交往的基础,每一个人在最初结识朋友的时候,都要用尊重打开朋友的心扉。尊重也像是人们相处的敲门砖,如果没有尊重作为前提,我们就无法打开他人的心扉,更无法被他人接纳。青少年要想结识更多的朋友,一定要以尊重为前提条件。即使在与熟悉的朋友相处时,同样要心怀尊重。因为一个人唯有尊重他人,才能得到他人的同等对待,这是人际交往的基础,是所有人都要遵循的准则。

现实生活中,每个人都会遇到各种各样的事情。对于这些事情,青少年一定要调整好心态,而不要因此陷入消极悲观的负面情绪之中。有些青少年还很喜欢倾诉,尤其是女孩,在遇到不高兴的事情时,第一时间就会向朋友倾诉。殊不知,倾诉也要有限度,要区分事情,不要把朋友当成情绪的垃圾桶。要知道,每个人都有每个人的烦恼,说不定在自己倾诉的时候,朋友也有着很多的不如意,也正感到心烦和厌倦呢。在这种情况下,如果不分青红皂白就向朋友倾诉,则会导致朋友更加心烦,不知不觉间,友谊也会受到影响。

第九章 真诚用心与人相处，给他人留下好印象

在班级里，温柔大方的慧慧就像是知心姐姐一样，总是善解人意，对每个同学都很照顾。为此，很多女同学有了心事都会向慧慧倾诉，慧慧也总是尽己所能地开解她们。但是在诸多的女孩之中，慧慧唯独不喜欢小芳。原来，小芳是个特别自私的孩子，每次向慧慧倾诉，就像来倒垃圾一样，总是说完自己想说的就走，完全把慧慧当成一个垃圾桶，既不考虑慧慧的感受，也从来不在乎慧慧的所思所想所说。

有一天，单相思的小芳表白失败，遭到拒绝，伤心欲绝的她又来找慧慧倾诉。她对着慧慧不管不顾地说："慧慧，你知道吗，我多么优秀，他为何要拒绝我呢！我就不相信，他还能找到比我更好的。慧慧，我简直伤心欲绝，你肯定不知道失恋的感觉，也压根儿没有男生追求你啊，我觉得你也不会有喜欢的男孩。你知道吗，你这么懂事，他们背地里都叫你灭绝师太，不是说你不好，是所有人都觉得你不会早恋。但是，没有早恋的人生是残缺的，过了这个时期，你就再也无法体会到美妙的初恋滋味。算了，不和你说了，和你说了你也不懂。"说完，小芳就准备离开，慧慧再也无法忍受，对小芳说："小芳，我是垃圾桶吗？你每次都来倒垃圾，还倒得理直气壮。你不觉得自己很可悲吗，你总是有无数的委屈和烦恼要倾诉，不问问原因出在哪里吗？一件事情、两件事情可以说是别人的原因，但是当无数的事情都发生在你的身上，就是你自己的原因。"小芳看到慧慧突然发飙，觉得莫名其妙。

在这个事例中，小芳之所以惹恼慧慧，是因为她向着慧慧倾诉，却没有尊重慧慧，反而还指责慧慧、贬低慧慧。而且，小芳总是这样说完就走，让慧慧不得不独自消化负面情绪，这也是慧慧所无法忍受的。正因如此，

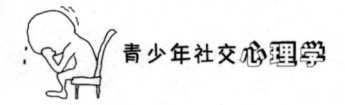

慧慧才会对小芳感到愤怒,并指责小芳,目的就在于让小芳失去她这个"垃圾桶",再也不能这样肆无忌惮地来倾倒"垃圾"。一切的人际关系都建立在相互尊重的基础上,青少年尽管还未成年,但是他们有着强烈的自尊心。此外,青少年也非常敏感。因此,在社会交往中,当面对同为青少年的交往对象时,一定要尊重对方,维护对方的尊严和颜面。如果面对成年人,也要控制好自身的情绪,以尊重他人为自己赢得尊重。

每个青少年心中都有一曲高山流水,他们渴望遇到真正的知音,找到真正的知己。然而,正如人们常说的,知己可遇而不可求,对于知己,青少年可以憧憬和渴望,也要因此善待朋友,让友谊渐渐加深,却不要苛求。尤其是在把朋友当成倾听对象去倾诉时,一定要把握好合适的度。很多青少年抱怨朋友不了解自己,却未曾反思自己对朋友的倾诉是否合适。如果青少年对于朋友的倾诉总是不合时宜的,也丝毫不顾及和体谅朋友的情绪与感受,就不要抱怨朋友不能与你心有灵犀。

在与朋友相处的时候,还要主动付出,而不要一味地索取。在这个世界上,除了父母对于年幼的孩子,没有任何人可以再对其他人那么倾心付出。正如大文豪鲁迅先生赠瞿秋白之辞,"人生得一知己足矣,斯世当以同怀视之"。如果你始终追求知己而不得,那么不如善待朋友,既努力帮助朋友,也倾心对待朋友,这样与朋友的关系才会更加亲密,与朋友的情谊才会更加深厚。记住,任何关系都要互惠互利,朋友之间的尊重如此,朋友之间的付出如此,朋友之间的倾诉也是如此。在这个世界上,没有任何单方面的关系可以持久,人人都要认清楚人际关系的本质,才能最大限度地经营好人际关系,加深与朋友之间的感情。

第十章
一屋不扫，何以扫天下？
要与身边的人搞好关系

　　大多数青少年处于走出家庭、走入社会的关键时期，他们欢呼雀跃地觉得自己已经渐渐长大，也难免变得特立独行。殊不知，青少年正处于从未成年走向成年的过程中，要想真正如同成年人一样思考和处理问题，还需要很长时间的历练。尤其是对于人际关系的处理，青少年更要避免急于求成，要从身边的事做起，处理与身边人的关系，才能在正式步入社会之后在社交方面游刃有余。

避免习惯成自然,不把长辈当用人

实行独生子女政策以来,很多家庭都只有一个孩子。如今第一代独生子女——"80后",已经为人父母,从自己作为独生子女,变成了独生子女的父母。这种独特的家庭结构中,四个老人、两个父母看守着一个孩子,导致"独独时代"的孩子越来越任性骄纵。他们已经习惯了接受父母和长辈无微不至的爱与照顾,他们习惯于独享家庭生活中一切的资源,渐渐地,他们也习惯成自然,甚至把长辈当成用人来使唤。这样的情况到底是如何形成的呢?

首先,父母和长辈对于孩子过分溺爱,导致孩子形成以自我为中心的思想,恨不得让宇宙都围着他们转。为了避免这种情况的发生,父母要意识到一个问题,那就是在孩子小时候,无微不至地照顾孩子固然是正确的,但是随着孩子渐渐长大,父母要引导孩子学会自理,也让孩子知道父母的辛苦。这样孩子才会对父母和长辈怀着感恩之心,也知道生活的艰难和不易。这对于孩子的一生都将起到积极的作用。

其次,青少年渐渐长大,要有一颗感恩的心,要学会感恩父母和长辈。试想,如果一个孩子对于辛苦抚育他成人的父母都不知感恩,那么他还如何能够怀有感恩之心对待这个世界呢?缺乏感恩之心的人,不但不知道感

第十章 一屋不扫，何以扫天下？要与身边的人搞好关系

恩身边的一切，还常常会在社会交往中犯错，他们往往自私自利，不知道宽容和理解他人，可想而知这样的青少年必然无法与身边的人相处好，导致人际关系恶劣。

最后，要打破依赖父母和长辈的习惯，做自己力所能及的事情。人的本能是趋利避害，人人都喜欢享受，而不希望很辛苦地做事情。孩子如此，父母也是如此。在小时候，孩子什么也不会做，必须依靠父母的照顾生存。当孩子渐渐长大，具备了相应的能力，就要做一些力所能及的事情，这样才能不断地提升和完善自身的能力，也通过做很多小事情帮助父母分担，或者给予父母关心和照顾。这对于帮助孩子养成感恩知足的心态，培养乐于做事情的好习惯，都有很大的好处。

乐乐从小是由奶奶带大的，爸爸妈妈虽然和他一起生活，但是每天都忙于工作，常常是早晨天不亮就起床出门去上班，晚上天黑了才能回到家里匆忙地吃饭洗漱。为此，乐乐每天大部分的时间都和奶奶在一起，接受奶奶无微不至的照顾。对于奶奶而言，隔代人特别亲，她疼爱乐乐，胜过疼爱自己的孩子。看着小小的婴儿在她的照顾下不断地成长，奶奶油然而生成就感，觉得自己所有的付出都是值得的。正是在这种心态的影响下，奶奶一直都把乐乐当孩子对待，虽然乐乐已经读初中，但是就连简单的家务事都不会做，而且在做很多事情的时候都会依赖奶奶。

有一个周末，乐乐和爸爸妈妈一起在家里看电视节目。正看着电视呢，乐乐突然对奶奶说："奶奶，我要喝水。"奶奶当即起身去拿水，妈妈赶紧制止奶奶，对乐乐说："乐乐，你要喝水，你就自己去拿。奶奶也在看电视，没有理由去给你拿水。而且，奶奶年纪大了，以后你不要支

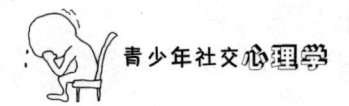

使奶奶,自己的事情自己干。"奶奶很乐意为乐乐拿水,虽然被妈妈制止,还是连声说:"没关系,没关系,让他看电视。"接着又把水拿来了。对于奶奶的表现,妈妈有些意见,不过没有当着乐乐的面说。

事后,妈妈和爸爸正式谈了这件事,并且达成一致的意见:乐乐长大了,能自己做的事情一定要自己做,不能凡事都依赖奶奶,更不能把奶奶当成用人使唤。此外,爸爸妈妈还决定要找奶奶认真谈一谈,从奶奶思想的转变做起,让奶奶拒绝无限度地服务乐乐。取得一致意见之后,爸爸妈妈当即去做,也对奶奶谈到这样骄纵对于乐乐未来的成长有很大的坏处,奶奶明白爸爸妈妈的意思,表示会全力配合。

使唤奶奶习惯了的乐乐,一下子面对奶奶的拒绝、爸爸妈妈的监督,很不习惯。但是,爸爸妈妈坚决贯彻执行对乐乐的改造计划,经过一段时间的努力,乐乐终于认识到使唤奶奶是不对的,而且凡事都依赖别人对自己的成长也毫无益处。为此,乐乐发自内心地改变自己,表现也越来越好。

如今,大多数家庭只有一个孩子,尤其是在独特的 4-2-1 家庭结构中,孩子更是被视为掌上明珠,真的是捧在手里怕摔了,含在嘴里怕化了。然而,父母就算爱孩子,也不要过分溺爱孩子,更不要让孩子养成依赖习惯。否则,孩子的成长就会面临很多问题,孩子的发展也会受到很大的限制和禁锢。

不管父母多么爱孩子,也不可能永远陪伴在孩子身边,保护孩子。作为父母,除了要照顾孩子的吃喝拉撒、衣食住行之外,更要肩负起引导孩子健康成长的重任。只有让孩子学会独立生存的能力,孩子未来才能坦然面对人生的各种坎坷挫折,也才能不断提升自身的能力,最终成为人生的强者,拥有充实精彩的人生。

第十章 一屋不扫，何以扫天下？要与身边的人搞好关系

心怀感恩，对身边的人充满感激

青少年如果缺少感恩之心，会让他们的心变得越来越粗糙。不知道感激父母，也不知道感恩生命中拥有的一切，在这种心态的影响下，他们必然变得越来越自私。人是群居动物，每个人都要在人群中生存，也要学会与形形色色的人打交道。如果一个人连父母都不感激，他们又如何能够感恩其他人，与其他人搞好关系呢？由此可见，拥有感恩之心是青少年成长中必需的，每一个青少年都要对身边的人充满感激，也要为自己拥有的一切而感到幸运。

感谢阳光，给予大地无私的照射；感谢雨露，让生命之泉得到滋养；感谢朋友，给予我们真心的陪伴；感谢对手，激励我们不断成长；感谢帮助我们的人，让我们感受到生命的温暖和喜悦；感谢生命的一切赐予，活着真好……每个人在生命之中都要懂得感恩，这样才能怀着一颗柔软的心感知生命中每一分每一秒的珍贵，也才能在岁月静好的从容中，感知时光的缓慢流淌。

有一段时间，皮皮总是抱怨爸爸妈妈没有为他提供好的生活。为此，

还会生爸爸妈妈的气,尤其是在爸爸妈妈没有给他预期的一切时,他更是充满怨恨。例如,有段时间爸爸去了外地工作,家里只剩下妈妈和皮皮。每到周末,看到其他同龄人都能在爸爸的陪伴下快乐地玩耍,皮皮不止一次对妈妈说:"妈妈,为何我的爸爸不在家呢?为何他一定要出去工作呢?"对于皮皮的质问,妈妈觉得很无奈,几次三番告诉皮皮爸爸是为了工作才去外地,实际上爸爸也很愿意留在家里享受幸福的生活。可是,皮皮还是无法理解。

直到有一天,皮皮因为不愿意及时增加衣服,导致感冒发烧。半夜三更,妈妈以弱小的身躯背起皮皮就朝着医院奔去,皮皮感受到妈妈已经筋疲力尽,但还是背着他一步一步朝着医院走。皮皮想下来自己走,但是妈妈不让。妈妈说:"皮皮,爸爸虽然不在家,妈妈也很坚强的。"到了医院,把皮皮放到急诊室,妈妈就开始缴费,取药,守着皮皮输液,等皮皮退烧回家,天都亮了。皮皮问妈妈:"妈妈,你怨恨爸爸不在家吗?"妈妈摇摇头,说:"如果没有爸爸,你就没有这么好的物质生活。咱们俩在家里还可以相依为命,如果爸爸生病发烧,那才可怜呢,身边连个亲人都没有。"皮皮的心一下子变得柔软,他和妈妈一样,也开始心疼爸爸。他问妈妈:"妈妈,我可以给爸爸打个电话吗?"妈妈点点头:"当然可以。"听到爸爸声音的一瞬间,皮皮哭起来:"爸爸,我发烧了,很难受,你在外面工作要照顾好自己,不要感冒发烧,不然没有人照顾你。"

看着眼泪簌簌而下的儿子,妈妈的眼眶也红了。她语重心长地对皮皮说:"皮皮,一切都会好起来的,放心吧!"

人生之中总会有很多不如意,有太多人为了生存而背井离乡、四处奔

波。也许青少年还无法理解父母的辛苦，也常常会因为父母不能陪伴在自己身边而烦恼，但是生活最终会告诉他们深刻的道理：这个世界上从未有安逸的生活。每个人在生命的历程中都要饱经磨难，才能最大限度激发生命的能量，才能在与生命的博弈中不断地成长和成熟起来。尤其是青少年，他们对很多事情都还懵懂无知，就更要学会理解和体贴父母，感恩父母。

当青少年学会感恩父母，那么在与他人相处的过程中，他们也会渐渐地感恩其他人。命运从来不是坦途，青少年要学会在人群中生存，学会借力，学会与他人合作，才能以更柔软的姿态融入生活，也才能得到生活的善待。

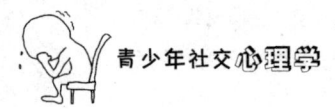

感谢父母的辛勤抚育,也许只要一句谢谢

"慈母手中线,游子身上衣,临行密密缝,意恐迟迟归。"这首诗从古流传至今,形象地为我们描绘出母亲为了孩子点灯熬夜、呕心沥血的形象。和母亲的爱琐碎而又踏实的特点相比,父亲的爱如山,总是大爱无言,深沉有力。每一个新生命从呱呱坠地开始,都要在父母无微不至、全方位的精心照顾下,才能健康茁壮地成长。抚育孩子长大成人,父母付出了大半生的时间和精力,也投入了无限的财力,更是付出了所有的爱与耐心。有人说,不养儿不知父母恩,这句话很有道理。因为对于父母的恩情,孩子往往很难完全理解,只有在自己也为人父母之后,才能在抚育自己孩子的过程中,真正体会到父母的辛苦,也渐渐开始理解父母的辛苦。

从本质上而言,父母对于孩子的爱有两个层次,一个是出于本能的爱,就像狗妈妈也会亲昵小狗一样;一个是更高层次的升华的爱,在这种爱的驱使下,父母不但会照顾好孩子的吃喝拉撒,也会关注孩子的心理健康、情绪稳定,还会及时帮助孩子解决在成长过程中遇到的很多问题。可以说,没有父母的精心抚育,孩子根本无法健康成长。既然如此,孩子要如何回报父母的爱呢?实际上大多数父母在对孩子付出的时候,从未想过要从孩

子那里得到回报。在这个世界上,如果说一定有一种爱是无私的、不求回报的,那就是父母对孩子的爱。当孩子渐渐长大,父母日渐老去,大多数父母依然不愿给孩子添麻烦。对于孩子,父母最大的期望就是能听到孩子一声"谢谢",这就是对父母付出的最大认可。

青少年尽管还没有完全长大成人,但是已经到了该懂得人情世故的时候。父母在为孩子无私付出的同时,要教会孩子感恩,而不要以无限度的爱导致孩子认为父母的一切付出都是理所应当的。即使是亲如父母子女,青少年也要学会对父母表示感谢,当真正把"谢谢"说出口,才会感受到流淌自心底的感动和感恩。很多父母抱怨孩子不懂得感恩,连句"谢谢"都不会说,实际上,这是误解孩子。孩子并非不会说"谢谢",而是因为在成长的过程中始终没有得到感恩的启蒙和教育。在家庭生活中,父母之间、父母与孩子之间,也可以经常说"谢谢",营造充满感恩的家庭环境,这对于孩子的成长而言是很重要的。如今,有太多的孩子对父母的付出觉得理所当然,这是感恩教育的缺失,也是对于感谢没有养成习惯的结果。当孩子习惯于感恩,也习惯于对父母说"谢谢",那么在社会交往中,他们也会对更多的人说"谢谢"。

正值暑假,妈妈花了几万块钱,给已经进入初三冲刺阶段的乐乐报名参加了一对一的补习班,目的就在于对乐乐的学习进行全方位的快速提升。不过,乐乐对此并不感激,反而抱怨妈妈霸占了他的休息时间。妈妈苦口婆心地对乐乐说:"乐乐,你要努力,只有现在努力,将来你才能有好的生活。否则,现在过得很轻松,未来必然辛苦一辈子。如今已经到了初三冲刺阶段,爸爸妈妈不是很有钱,之所以咬牙拿出这么多钱给你去补习,

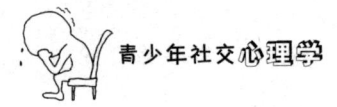

完全是为了你好。"

对于妈妈的一番劝说,乐乐不以为然。但是补习是不可改变的事实,为此,乐乐总是按照固定的时间去上课。经过一个多学期的坚持,乐乐的学习成绩有了很大的提升。在初中升入高中的考试中,乐乐如愿以偿考入重点高中,而且成绩排名在整个班级里还比较靠前呢!乐乐高兴极了,赶紧跑回家把这个消息告诉妈妈。妈妈得知这个消息,激动得流下眼泪。乐乐看着妈妈的样子,突然意识到妈妈所做的一切都是为了他,因而他很真诚地对妈妈说:"妈妈,谢谢你,这么辛苦地挣钱供我读书。"看着乐乐,妈妈觉得乐乐一瞬间长大了,知道父母的辛苦了。妈妈更加动情地告诉乐乐:"孩子,我和爸爸所做的一切都是为了你,只要你好,我们就好。"升入高中之后,乐乐完全改变了,从那个需要父母督促才能学习的孩子,变成了一个积极主动学习的孩子。高中三年过去,乐乐在学习方面丝毫不用父母操心,顺利地考上了名牌大学。

在这个事例中,乐乐一开始贪玩心重,不能理解父母对他的辛苦付出,还因为妈妈为他报名参加补习班而心生抵触。等到考上重点高中,看到妈妈喜极而泣,他才猛然意识到妈妈所说的一切,也理解了父母所做的一切。因此,他真诚地对妈妈表示感谢,也让爸爸妈妈欣慰地看到他已经长大了。

有太多的青少年从未对自己的父母说过谢谢。在普通的社交活动中,他们经常对身边的人说"谢谢",却完全忽略了父母从他们降生以来始终无怨无悔、毫无保留的付出。对于每一个青少年而言,当他们从童年迈入成年,最该感谢的就是父母的悉心付出。青少年朋友们,如果迄今为止你还没有对父母说过感谢,那么现在就去真诚地感谢父母吧!记住,父母对

你的一切付出都是不求回报的,你的"谢谢"却能让父母觉得对你的所有付出都是值得的。

师恩难忘,不与老师针锋相对

在人生的道路上,如果说父母给了孩子健康强壮的身体,那么老师则给了孩子充实有趣的灵魂。父母是生养孩子身体的人,老师是滋润和浇灌孩子心田的人。对于每一个孩子的成长,老师都是不可或缺的人。正因为如此,自古以来对老师的赞美之词就有很多。例如,师恩难忘、一日为师终身为父、老师是明灯等类似的话,都是在表达对于老师的感激之情。

青少年正处于人生中的特殊成长阶段,身体内激素的大量分泌,让青少年变得敏感易怒,自尊心尤其强烈,再加上身体的快速发育,也让青少年在体格上越来越接近于成年人。正是在这个特殊阶段,青少年的力量已经可以与成年人抗衡,心智发育却不够成熟。为此,在很多初高中学校里,学生和老师之间发生冲突的事情时有发生。这到底是为什么呢?不可否认有一小部分老师也许会因为不了解青少年心理,而对青少年口不择言,说出伤害青少年自尊的话。大多数情况下,老师的话没有问题,是因为青少年的自尊心太强,所以才会对老师的话"神经过敏"。在这种情况下,青少年要做的就是调整好心态,不要一味地抱怨老师,而要真正发自内心地尊重老师,这样才能在与老师相处的过程中,把每一件事情都处理得更好。

第十章 一屋不扫，何以扫天下？要与身边的人搞好关系

尤其是当青少年对老师产生误解的时候，千万不要冲动，唯有保持理智，才能与老师解开误会、和平共处。

很多青少年都知道爸爸妈妈是为自己好，却不知道老师也是一心一意为了他们好。为人父母的心，和为人老师的心，也许侧重点不同，但是无私的付出和真诚的期望，都是相同的。既然如此，青少年一定要尊重老师，不要把老师当成冤家对头，哪怕因为学习与老师产生各种矛盾和纷争，也要调整好心态，以积极的态度解决问题。在学校里，当与老师意见不统一的时候，要静下心来思考，而不要自以为是地与老师争执。老师是有师道尊严的，有不同意见可以私底下找老师解决问题，而不要总是与老师针锋相对，更不要当着其他同学的面不给老师面子。否则，师生相处就会陷入困境和窘态，无法继续保持良好的关系。

正在读初二的小黑，最近与老师发生了争执，因为师生都没有控制好情绪，导致事态升级，成为严重的冲突。

事情发生在一节自习课上。在自习课上，小黑原本正在写作业，后来同桌向他请教问题，所以他就小声地为同桌讲解。班委以"扰乱课堂秩序"为名，责令小黑必须罚抄课文。小黑当然不愿意接受这样的惩罚，他辩解说自己是在帮助同学，班委却铁面无私："帮助同学也不是说话的理由！"就这样，小黑和班委之间的争吵越来越大声，最终惊动了老师。老师为了维护班委的权威，支持班委罚小黑抄写课文，而只是批评了班委几句，说班委工作的时候没有讲究方式方法。这样一来，小黑与班委之间的矛盾，就变成了与老师的矛盾，当着全班同学的面，小黑坚持质问老师："老师，我只是在小声告诉同桌如何解题，我是在帮助同桌，不是在故意扰乱课堂秩序。况且，

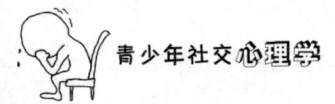

有那么多同学大声说话,还是说些无关紧要的事情,为何偏偏惩罚我呢?"老师被小黑问得哑口无言,但是不愿意改变决定。就这样,事情从在班级里处理到回到办公室继续处理,始终没有定论,也没有得到圆满解决。无奈之下,老师只好联系小黑的爸爸妈妈,让他们到学校来做小黑的思想工作。

得知事情的原委之后,爸爸妈妈也觉得小黑有些委屈。不过考虑到老师需要维护其权威性,也为了让小黑以后可以与老师和平共处,爸爸妈妈只好侧重于做小黑的思想工作。妈妈语重心长地对小黑说:"小黑,老师也是人,不是神仙,不可能做到让每个人都觉得很公平。如果老师现在惩罚班委,班委也会觉得委屈,说不定以后就不愿意继续维持课堂秩序。你想想,老师每天要面对这么多同学,一个人怎么能忙得过来呢,所以班委的帮助对老师很重要。老师之所以没有惩罚班委,是为了帮助班委树立威信,从而震慑其他讲话的同学。你呢,即使有道理,也不要当着全班同学的面和老师较真。否则,老师只会更加坚持自己的做法和决定。退一步而言,就算你抄写课文也没有什么损失啊,据说老师罚抄的都是需要背诵的课文,说不定你还会因祸得福,提前把课文背诵下来呢!"妈妈的话让小黑陷入沉思。爸爸的观点和妈妈一致,都觉得小黑不应该当着众多同学的面与老师叫板。小黑虽然一开始想不明白其中的道理,后来在爸爸妈妈的劝说下,渐渐意识到自己的错误,也知道钻牛角尖的行为不足取,之后还真诚地向老师道歉了呢!

在这个事例中,小黑无疑是有些较真的。他的确并没有完全错,而且班委的惩罚也过于轻率,没有酌情考虑到小黑是为了帮助同学。然而,小黑不该当着同学们的面和老师叫板。假如小黑觉得委屈,也应该换一种方式在私底下与老师沟通,说不定就不会导致矛盾和冲突升级,也就不会让事态扩大。

第十章 一屋不扫，何以扫天下？要与身边的人搞好关系

青少年非常敏感，情绪也很容易冲动，这就要求老师在与青少年相处的时候要讲究方式方法，才能让教育和引导达到良好的效果。反之，如果老师的教育方法错误，让青少年感到自尊心受到伤害，那么与青少年的关系就会变得紧张，也会在无形中招致青少年的反感。作为青少年，在社交过程中，也要有意识地控制好情绪，从而避免钻牛角尖的行为出现，导致自己陷入死胡同中无法逃脱。青少年要记住，人生中的很多事情并非都是非黑即白、非对即错的，老师要对那么多同学负责，也无法做到绝对的公平。当自以为遭到老师不公正的对待，而实际上老师只是考虑问题的侧重点不同时，不如主动调整好心态，端正态度，经营好师生关系，进而拥有和谐融洽的校园生活。

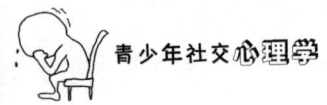

珍惜同窗情谊，用心与同学相处

学生时代，是每个人一生之中最简单纯粹的时代，因而同窗情谊，对于每个人而言都至关重要。尤其是对于青少年而言，正处于最佳的学习阶段，每天与同学朝夕相处，更应该珍惜同窗情谊，与同学用心相处，这不但有利于青少年发展人脉关系，也有利于青少年身心健康成长。

现代社会，独生子女很多，而且很多父母本身也是最早一代的独生子女，这就注定了他们不但没有兄弟姐妹，就连表兄弟姐妹都很少。所以，很多孩子在孤独中长大，他们习惯了一个人玩耍，一个人读书，一个人学习。有人曾经说过，即使父母再怎么爱孩子，怀着赤子之心与孩子一同成长，也无法取代同龄人在孩子成长过程中的重要作用。的确如此，孩子的成长需要同龄人的陪伴。当步入学校，开始与同龄人相处时，此前缺乏与同龄人相处经验的孩子，还会有些不适应。随着渐渐成长，他们越来越亲近同龄人，尤其是在青少年时期，每个孩子都渴望得到同龄人的认可，也希望能够融入同龄人的群体之中。校园恰恰给孩子们提供了这样的环境，在校园里，孩子们每天都与同龄人朝夕相处，既有打闹，也有欢乐，成长原本不就是这么热闹非凡的吗？

第十章 一屋不扫，何以扫天下？要与身边的人搞好关系

小黑是独生子女，他的父母也是独生子女。作为"独独一代"的独生子女，小黑从小就习惯了孤独和寂寞。虽然家里的成年人很多，有父母，有爷爷奶奶，还有姥姥姥爷，他们都愿意轮番照顾小黑，和小黑一起玩耍，但是小黑还是觉得怅然若失。他想和同龄的小伙伴一起玩耍，但是每当爷爷奶奶带他去公园里的时候，他又觉得很不适应。原来，小黑不习惯与人分享，他总是独享自己的美食，也独享自己的玩具。这样一来，渐渐地没有小朋友愿意和小黑玩了。

随着渐渐长大，小黑已经成为一名初中生，集体生活的经验让他知道，必须与人分享，才能在集体生活中立足。然而，小黑与同学之间似乎总有隔阂。有一次，小黑在学校里不小心扭伤了脚，不能自己走路。同宿舍的朱朱主动背起小黑，每天都把小黑从宿舍背到教室。每当小黑需要去厕所的时候，朱朱还把小黑背到厕所。就这样，整整一个星期的时间里，朱朱都背着小黑，好像变成了小黑的腿一样。小黑感动不已，这才发现自己平日里虽然会与同学分享，也愿意与同学交往，但是都缺少了一分真诚和投入。这件事情之后，小黑和朱朱成了好朋友，因为朱朱的影响，小黑对待其他同学也少了一分隔阂，多了一分真诚。

在这个事例中，小黑之所以总是觉得与同学之间隔着些什么，就是因为小黑始终有所保留，不能做到无私地对待同学。在得到朱朱的悉心照顾之后，小黑才受到朱朱的影响，也意识到自己之所以不能与同学亲密无间，原来是始终没有真正对同学敞开心扉，也没有有效地与同学相处。

同窗情谊之所以珍贵，是因为在学校的生活中，青少年正值青春轻舞飞扬、心无杂念的美好时期，在这个阶段，青少年的感情是非常纯真且纯

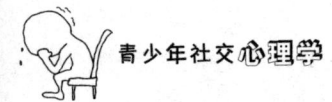

粹的。要想形成美好的同学情谊，青少年就要打开心扉，真诚地对待同学，也以真情打动同学。例如，事例中的朱朱，正是因为在小黑脚受伤的时候毫无保留地帮助小黑，所以才能成功地打动小黑，也与小黑的关系亲近起来，感情越来越深厚。实际上，人际关系是非常微妙的，原本陌生人之间很难一下子就敞开心扉真诚相待；人际关系也是相互的，一个人要想得到他人以礼相待，就必须也同样对待他人，才能相互交好，感情亲密。否则，当青少年总是疏远他人，又如何能够与他人彼此真诚相处、坦诚相待呢？

　　青少年朋友们，一定要抓住青春时期的美好阶段，珍惜同窗情谊，以期拥有一辈子的朋友。也许有的青少年会说，等到走出学校，进入社会，我还会结识更多的朋友。的确，朋友总是在不断增多的，但是像同学这样感情这么纯真纯粹的朋友，却很难再有了。时过境迁，物是人非，也在告诉我们很多事情并不能如愿以偿，只有在可以把握的时候努力去把握，才能抓住美好的纯真年代，拥有真挚深厚的同窗情谊。

第十一章
青少年的困惑：
社交障碍的诸多表现

在社会交往中，很多青少年都面临困惑，这是因为他们身心还没有完全发育成熟，虽然身体和心智都有所发展，但是还略显稚嫩，一旦在社会交往中遇到困难，他们往往不知道如何应对。为了提升青少年的社会交往能力，首先要识别社交障碍的诸多表现，才能有的放矢解决社交障碍的心理问题和行为表现，卓有成效地提升青少年的社会交往能力。

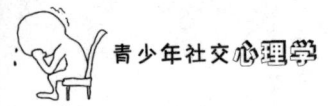

大男孩为何总是害羞

现实生活中,很多男孩都非常害羞,尤其是在见到同龄女孩的时候,他们的脸总是变得绯红。这让大男孩非常尴尬,似乎绯红的脸暴露了他们心中的秘密,让他们无地自容。实际上,大男孩看到女孩害羞并不是心理状态出现问题,也不是道德方面有异常,而是正常的反应。这种反应既符合生理规律,也符合心理规律,因而大男孩无须惊慌。

心理学家指出,异性之间在成长的过程中要经历三个阶段。第一个阶段,两小无猜。在这个阶段,孩子们都很小,还没有形成性别意识,因而男孩与女孩在一起玩非常自然。第二个阶段,知道害羞。在这个阶段,男孩与女孩会刻意疏远,似乎异性之间如果亲近就会被人指责,这是因为孩子的发展进入对异性敏感的阶段,为了避嫌,他们就刻意疏远异性,甚至故意诋毁异性。第三个阶段,异性相吸阶段。进入青春期之后,随着身心发展,男孩和女孩都从对异性排斥和抗拒,进入对异性感到好奇的阶段。通常情况下,女孩的心理发育略早,男孩的心理发育略晚。男孩在进入青春期之后,对于异性感到好奇,也是正常的身心需求。尤其是在单独和女孩接触的时候,男孩更是会因为生理和心理反应,表现得有些异样。为了

第十一章 青少年的困惑：社交障碍的诸多表现

掩饰自己的害羞，也为了保护好心中的小秘密，最初的时候，男孩还是会刻意疏远女孩，而不会像成熟的男性那样主动追求女孩。还有些男孩如果喜欢一个女孩，甚至会故意欺负这个女孩，这也是男孩青春期的特殊表现。

那么，怎么做才能有效缓解男孩一见到女孩就面红心跳的表现呢？首先，可以采取刺激免疫疗法，即越是看到女孩产生生理和心理的反应，越要迎难而上，刻意多与女孩接触。当和女孩接触的次数多了，男孩就会产生免疫力，就不会再一见到女孩就脸红。其次，在和异性相处的时候，可以把对方当成纯粹的同学，而不要在心中总是提醒和告诫自己对方是异性。对于朋友一视同仁、心无芥蒂的男孩，往往会更加淡化性别意识，也能够顺利地与女孩交往。最后，既然害羞的大男孩看到异性反应强烈，那么就要避免单独和某一个异性相处，而是要尽量参加有异性的集体活动。当习惯于在人群中与异性相处，男孩与异性的相处就会更加自然。此外，适度增加与异性相处，也可以帮助男孩了解异性，减少异性的神秘感，这对于帮助男孩增强对异性的免疫力是有很大好处的。

平日里，凯奇是一个很乐观开朗的男孩，在社交中也表现得落落大方，但是一旦见到女孩，凯奇的良好形象马上消失，他总是面红耳赤，抓耳挠腮，给人的感觉是，他恨不得找个地洞钻进去。凯奇为何会有这样的反应呢？每当这么害羞的时候，凯奇也总是感到很尴尬，但是他无法控制自己。

有一次，凯奇应邀参加乐乐的生日聚会。参加聚会之前，凯奇误以为一定只有男孩，但是到达聚会现场，凯奇才发现有五六个女生。看到这些女生，凯奇的第一反应就是想逃跑，了解凯奇的乐乐赶紧抓住凯奇，对凯奇说："别跑，别跑，你需要多和女孩接触。"一开始，凯奇还觉得很别扭，

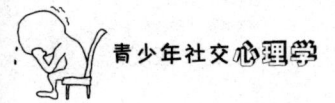

感到如芒在背，随着时间的推移，凯奇觉得越来越自然和随意。等到宴会结束的时候，凯奇的脸已经不红了，他甚至可以和女孩开个玩笑。凯奇无论如何也没想到，自己一见到女孩就害羞的这个毛病居然轻而易举就被医治好了。此后，凯奇再也不害怕见到女孩，反而还对温柔的、善解人意的女孩产生了好感呢！

凯奇之所以见到女孩不再脸红，是因为乐乐营造了一个很轻松的环境，让凯奇与众多女孩相处。这样强烈的刺激下，凯奇反而产生免疫，不再对人群中的女孩产生强烈的生理与心理反应。相信未来的某一天，凯奇再单独见到女孩的时候，就不会面红耳赤，也不会因此而影响社会交往。

很多青少年在见到异性的时候，常常会因此而产生强烈的生理和心理反应，这与青少年处于特殊的人生阶段密不可分。青少年要正确认知自身的情绪反应，才能有的放矢调整情绪，控制好行为表现，进而成为受人欢迎的社交达人。

第十一章 青少年的困惑：社交障碍的诸多表现

男孩的胆小表现一定有更深的根源

男性原本应该充满男子汉气概，在处理各种事情的时候都表现出更大的决心和毅力，但是现代社会中有很多男性都显得特别"娘"。这是为什么呢？按理来说，男性要支撑起一片天，未来要承担起人生和家庭的重任，当然应更加坚毅、勇敢。但是，很多男孩在成长的过程中，被注入胆小的因子，使得他们在面对生活中的很多挑战和坎坷挫折的时候，总是采取退缩的态度，根本不敢勇往直前。

男孩为何这么胆小呢？这是有原因的。男孩从小就生活在安逸的环境中，负责养育孩子的往往是妈妈和奶奶、姥姥等长辈。进入幼儿园之后，幼儿园老师基本都是女性。这就直接导致男孩与男性接触太少，从而不知不觉间就受到女性的影响，性格方面也变得软弱起来。此外，很多女性在抚养男孩的过程中，为了避免危险和意外的发生，总是盯着男孩，这也不让做，那也不让做，渐渐地，男孩就会越来越胆小，常常禁锢自己，在没有正式去做很多事情之前，就因为担心失败而犹豫不定，裹足不前。长此以往，男孩就会形成胆怯的性格。

在成长过程中，男孩是需要榜样的，父亲就是男孩最好的榜样。男孩

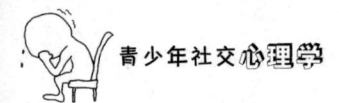

从父亲身上得到的精神和力量，是从母亲身上根本无法得到。所以，父亲在男孩的成长中不可或缺、不可替代，作为父亲，一定要更多地关注男孩，多与男孩相处，给男孩树立积极的榜样。尤其是在与父亲共同挑战高难度的项目和任务时，男孩更会潜移默化受到父亲坚毅品质的影响。正因为如此，那些原本就性格软弱的父亲，也常常导致孩子性格软弱。从这个角度而言，作为男孩的父亲，一定要更加积极坚定，从而给男孩积极的影响。

也许是因为从小一直由奶奶负责抚养，乐乐虽然乖巧懂事，但是胆子很小。有一次，爸爸和乐乐一起去游乐场玩，面对过山车项目，乐乐根本不敢尝试。尽管爸爸再三鼓励，乐乐还是犹豫不决，在思来想去之后，彻底放弃。爸爸很郁闷：男孩不都应该天不怕、地不怕的吗？为何乐乐这么胆小呢？经过一番思考，爸爸觉得是因为奶奶平日里对乐乐限制太多，导致乐乐不敢尝试新事物。意识到这个问题之后，爸爸总是有意识地鼓励乐乐，也抽出更多的时间陪伴乐乐。渐渐地，乐乐的胆量越来越大。

随着胆量增大，乐乐也有了明显的变化。以前的乐乐在遇到小小困难的时候，马上就想放弃和逃避；现在的乐乐虽然面对困难，却能够迎难而上，最大限度激发自身的力量，把每件事情都做得更好。不得不说，这对于乐乐而言是莫大的进步，对于乐乐的成长也会起到积极的推动作用。

在人类历史上，那些取得伟大成就的人，无一不是拥有恒心、毅力和顽强不屈精神的人。试想那些历史的奇迹，如埃及金字塔，如中国的万里长城，在古代社会生产力那么落后的情况下，这些壮举是如何完成的呢？在现代人看来依然如同奇迹一般存在的这些历史遗迹，又是古人耗费多少

心血和精力才能真正实现的呢？这都是因为古人拥有勇气，也有顽强不屈的精神，所以才能在不断成长的道路上脚步坚定，一往无前，也才能在人生的漫长征途中，始终充满力量。

现实生活中，很多人都抱怨命运不公，似乎他们的无所作为完全是命运导致的。殊不知，命运对于每个人都是公平的，它在给一个人关上一扇门的同时，也必将给一个人打开一扇窗户。很多人都读过《假如给我三天光明》，这是海伦·凯勒的著作。海伦出生才十几个月的时候，就被一场猩红热险些夺去性命，后来落下重度残疾，双耳失聪，双目失明，也不会说话。但是，自从有了家庭教师莎莉文，她就跟随老师学习，也战胜了很多困难，最终不但学完了大学课程，还留下了很多著作，更是成为身残志坚的代表，给世界上的很多人都带来了勇气和希望。再如司马迁，在遭遇残酷的宫刑之后，依然完成了《史记》，被后世赞誉为"史家之绝唱，无韵之离骚"。不得不说，这些人都非常勇敢也有着顽强毅力，所以才能与命运抗衡，也才能成就一番事业。

当发现青少年胆小的时候，父母一定要足够地重视，要常常鼓励青少年、激励青少年。作为青少年，如果觉得自己胆小，也要有意识地锻炼自己。例如，尝试一些平日里想做而又不敢做的事情；再如，有意识地挑战自己的胆量极限。经过一次又一次锻炼，相信青少年一定会更加勇敢，更加坚定不移地走好属于自己的人生之路。

自卑，让男孩总是畏手畏脚

现实生活中，很多人都有自卑心理。不仅青少年会感到自卑，甚至很多成年人也会陷入自卑的情绪之中无法自拔。人，为何会自卑？通常情况下，是因为看到他人的条件比自身的条件好，所以会感到自卑。对于敏感的青少年而言，也会因为性格孤僻导致生活的圈子很小，见识短浅，从而无法客观地认知自我，导致在成长的过程中总是故步自封，越来越自卑。

很多青少年之所以自卑，是因为孤独。他们把自己封闭在狭小的生活圈子里，独自品尝孤独寂寞的滋味，而很少向他人倾诉和表达自己的内心。有的时候，哪怕是别人充满善意的关怀，他们也会避之唯恐不及，殊不知这样一味地自我封闭，只会导致他们的成长面临更多的困境，也会让他们在成长的过程中远离快乐。

当发现青少年因为自卑而畏首畏尾的时候，父母首先要了解青少年自卑的原因。青少年正处于身心发展的特殊阶段，总是过分敏感。有的时候，哪怕是小小的变故，也会导致他们内心产生波澜。例如，学习上受到挫折，无法有效提升；不能得到异性的关注和欣赏；从小就缺乏父母的爱，在孤独冷漠中成长；缺少朋友的陪伴，总是独来独往。当了解青少年自卑的原

第十一章 青少年的困惑：社交障碍的诸多表现

因后，父母可以有的放矢去消除青少年自卑的状况，从而帮助青少年找回阳光的心态，也让青少年在快乐之中健康茁壮地成长。

为了有效消除自卑心理，青少年可以从以下几个方面做起。首先，当因为某个特别的缺点和不足感到自卑的时候，不如想一想自己的优点和长处，这样一来，就可以在因为缺点而自卑的时候，找回自信的状态，帮助自己获得内心的平衡。其次，当遭遇失败时，不要一蹶不振，更不要沮丧绝望，而是要想到每个人都有可能遭遇失败，最重要的是采取正确的态度对待失败，踩着失败的阶梯不断努力向上。否则，失败就会成为人生无法摆脱的噩梦。心理学家经过研究证实，大多数人先天条件都差不多，之所以有的人成功，有的人失败，就是因为他们对待失败的态度截然不同。大多数成功者在失败面前总能鼓起勇气，努力拼搏，以失败作为阶梯不断向上；而大多数失败者在遭遇失败的时候，总是一蹶不振，失去所有的信心和勇气，也彻底在挫折和磨难面前败下阵来。作为青少年，人生的道路还很漫长，在未来的人生旅途中，难免还会遇到很多不如意的事情，一定要摆正心态，积极乐观面对生命中的一切，从而让人生扬起希望的风帆，始终努力向前。

最近，刘波和张宇走得很近，他们是好同学，还想成为好朋友。然而，在与张宇相处一段时间之后，刘波未免自惭形秽，甚至故意躲避张宇。这是为什么呢？原来，刘波在班级里的学习成绩名列前茅，他本以为张宇只是家里有钱，在学习方面肯定不如自己，却没想到张宇虽然学习成绩中等，却是真正全面发展的人才。张宇不但钢琴过了九级，还会很多体育运动，尤其是还会打高尔夫球，就连平日里和同学们一起玩的时候，张宇也总是

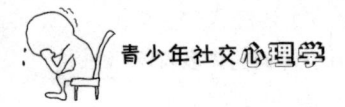

因为见识多而说出惊人的话来。为此,刘波觉得很自卑,他尽管很喜欢张宇,却不想继续和张宇当朋友了。

在这个事例中,刘波的表现就是典型的社交退缩行为,而根本原因就在于他内心的自卑。原本,刘波想以学习上的优势平衡自己的内心,从而与张宇相处。却没想到张宇除了学习成绩不是那么出类拔萃之外,在各个方面的表现都远远超过刘波。为此,刘波内心更加失去平衡,只能采取逃避的方式。

其实,青少年因为自觉不如别人而产生自卑心理是很正常的。毕竟只要有人的地方就有比较,青少年也生活在人群之中,难免与各种各样的人比较。实际上,每个人都有自己的优点,很多青少年之所以感到自卑,是还没有发掘出自身的优势。尤其需要注意的是,不要拿自己的缺点和别人的优点比较,否则就是自寻烦恼。当然,也不要拿自己的优点与他人的缺点比较,否则就是对他人不公平。只有不卑不亢,客观认知自我,公正地与他人进行比较,才能保持内心的平衡。例如,事例中的刘波,是否在文采方面比张宇更胜一筹呢?又或者,刘波虽然家境不如张宇,但是全家人相亲相爱、融洽相处,这也是一个很大的优势。从根本上而言,青少年不应该把自己与他人进行比较,因为这样的比较毫无意义。每个人从一出生,就注定了拥有怎样的家庭和成长背景。人的成长受到很多因素的影响,并不是单一纯粹的,所以对于成长背景不同、人生阅历不同的人而言,根本不具备可比性。青少年要有一颗坦然的心面对自己和生命的际遇,才能最大限度激发生命的潜能,活出最精彩真实的自己。

第十一章 青少年的困惑：社交障碍的诸多表现

社交恐惧，让男孩裹足不前

社交恐惧，顾名思义就是对社交活动感到恐惧，因而产生退缩行为。有社交恐惧的人，总是不敢与他人相处，也总是在社交活动中表现出畏缩不前的样子，这都是因为他们不知道如何进行社交活动。

很多青少年有社交恐惧行为，他们在社会交往中有太多的顾虑：或者担心会被他人小看，或者担心会被他人伤害，有的时候，也害怕自己在社会交往中的表现不够好。尤其是青少年自尊心很强，内心敏感而又怯懦，就更容易在社会交往中受到伤害，由此更加畏惧社会交往。如果青少年长期处于社交恐惧的状态，就会渐渐地疏远人群，甚至发生社会隔离的现象。因此，当父母发现青少年畏惧社交时，一定要鼓励青少年勇敢地从家庭中走出去，走到人群中，与更多的人相处和交往，也感受社交的乐趣。如果青少年意识到自己对于社交的恐惧状态，也要主动激发自己的勇气，从而让自己在社交中有更加积极友好的表现。记住，只要走出去，一切都没有那么可怕。尽管人心都是非常敏感的，但是只要以真诚友好对待他人，往往也能得到他人的善待。

很多人误以为社交恐惧者没有交往的需求和欲望，其实不然。心理学

家经过研究证实，社交恐惧者同样有交往的需求，也渴望拥有更多的朋友，只不过恐惧影响了他们的正常行为表现，导致他们的精神紧张、焦虑，也使得他们不知所措。很多社交恐惧者的症状比较轻微，在人群之中，他们希望如同隐形人一般存在，而不希望引起他人的关注和瞩目，这与那些有强烈自我表现欲的人恰恰相反，有强烈自我表现欲的人总是抓住一切机会表现自己，甚至没有机会也要创造机会表现自己。通常情况下，社交恐惧的对象更具体，社交恐惧就更容易治愈。反之，如果社交恐惧的对象很广泛，则社交恐惧很难消除。有些青少年恐惧同龄的女孩，有的青少年恐惧老师，有的青少年恐惧严厉的父母。当恐惧的对象不同，在缓解青少年社交恐惧时，就要采取不同的方式和策略。

对于患有严重社交恐惧的青少年，如果恐惧已经影响他们正常的生活，则需要采取药物治疗、心理干预的方式对他们进行治疗。如果社交恐惧没有那么严重，只是比较轻微的表现，也可以通过循序渐进的方式，让青少年和自己恐惧的人接触，渐渐地，当青少年发现他们所恐惧的人只是普通的正常人，他们内心的恐惧就会大大减轻。

晓枫有严重的社交恐惧，每次见到老师，他都紧张得说不出话来。为了帮助晓枫缓解对老师的恐惧，爸爸妈妈想了很多办法帮助晓枫，却收效甚微。让爸爸妈妈疑惑的是，晓枫的学习成绩很好，通常情况下不是只有差生才惧怕老师的吗？为何晓枫也会惧怕老师呢？

思来想去，爸爸妈妈认为晓枫是把小学时代对老师的崇拜带到了初中，所以才会导致已经成为初中生的晓枫依然害怕老师、畏惧老师。如何才能消除老师在晓枫心目中的神秘感呢？爸爸妈妈决定让晓枫和老师亲密接触，

第十一章 青少年的困惑：社交障碍的诸多表现

从而确定老师只是普通的人，而不是高高在上的神，这样晓枫就不会惧怕老师。

当然，要让晓枫和学校里的老师亲密接触几乎不可能，那么，有没有其他的老师呢？爸爸妈妈想起妈妈的妹妹是老师。为此，趁着暑假到来，妈妈邀请妹妹带着孩子来家里住，顺便也可以让孩子在城市里玩。妹妹当然乐意，管吃管住免费旅游，这样的好事哪里找呢！妹妹来了之后，妈妈向晓枫介绍："晓枫，这是你小姨，是一名初中老师，教化学的。"后来，妈妈还播放了小姨教学时的录像给晓枫看。一开始，晓枫看到小姨也很紧张，随着小姨在家里住的时间越长，晓枫发现小姨是和妈妈一样的妈妈，对孩子也会大喊大叫，吃美食的时候也会呱嗒嘴巴，而且早晨起床也睡眼惺忪的，似乎在梦游一般。至此，晓枫才知道原来老师在生活中就是普通人，根本不值得畏惧和可怕。开学之后，晓枫一看到老师就想起小姨在自己家过暑假时的样子，从此再也不害怕老师了。

晓枫社交恐惧的对象是老师，因为从小就特别崇拜老师，所以他心底里对老师充满敬畏。为了改变晓枫对于老师过度崇拜的心态，妈妈和爸爸想出一个好主意，就是找来一个老师和晓枫亲密接触，让晓枫意识到老师也是普通人，这样晓枫就不会那么害怕老师了。果然，这个办法很好。在与当老师的小姨一起生活一段时间之后，晓枫再看到老师的时候就想起小姨的家常模样，自然就不再害怕和恐惧老师了。

很多人社交恐惧都有特定的对象，例如，有些年轻人在没有结婚之前，最害怕见到老泰山。再如，有些女孩在没有结婚之前，最害怕见到准婆婆。当然，青少年也有一定的恐惧对象。当家长和老师意识到青少年陷入恐惧

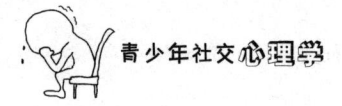

之中无法自拔，更影响到正常的社交行为时，就应该采取一定的措施帮助青少年减轻恐惧。如此一来，才能保证青少年在社会交往中无所畏惧。当然，当青少年陷入社交恐惧时，也不要过于心急，凡事都有一个过程，要讲究循序渐进，否则过于急功近利，只会导致事与愿违。

严重的社交恐惧会发展成为社会隔离，当发现青少年有社交恐惧的现象时，父母还是要多关注，在恐惧初期就对青少年开展干预。否则随着恐惧的对象越来越多，恐惧的类型越发复杂，再去干预的效果就没有那么明显了。所以，及时有效处理社交恐惧是关键。

第十一章 青少年的困惑：社交障碍的诸多表现

女孩，你的名字不是胆怯

青春期少年的胆怯表现在两个方面，一个是不够勇敢，一个是不敢拒绝。如果说不够勇敢的表现是非常明确的，那么不敢拒绝表现出来的胆怯，则往往被很多人忽略。对于青少年而言，要合理有效地保护自己，除了要锻炼自己的胆识之外，还要学会拒绝。尤其是女孩，因为生理条件的限制，使得女孩在力量方面明显薄弱，也很容易在社会交往中受到伤害，就更要提升自我保护意识，保持警惕，才能在社会交往中改变自己的弱势地位，保证自身安全。

有心理学家经过跟踪调查发现，很多青春期女孩之所以无法有效地保护自己，就是不懂得说"不"。实际上，如果她们能够勇敢一些，对于很多行为都勇敢地说"不"，那么她们就不会让自己陷入糟糕的境遇之中，也可以有效地避免很多危险。美国有一位心理学家经过研究发现，当一个人不敢拒绝他人，不能勇敢地对他人说"不"，这个人往往呈现过度好的状态，也属于一种病理状态。从心理学的角度而言，不敢说"不"的人实际上是在通过无限度地妥协来取悦别人，迎合别人，从而试图掩盖自己的心理问题和情感问题。在现实生活中，他们的幸福指数很低，这是因为他

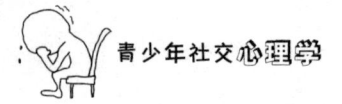

们不懂得拒绝他人，而常常不得不委屈自己。

通常情况下，不懂得拒绝的青春期女孩特别爱面子，总是不好意思拒绝他人，或是因为即将要拒绝他人而产生焦虑状态。他们也很害怕伤害他人，为了避免伤害他人，她们甚至伤害自己，以这样的代价来换取所谓的好名誉。不得不说，这对于女孩的成长是不利的，也会给女孩的内心带来严重的创伤。

雪莉是一个懂事乖巧的女孩，她最大的心愿就是有朝一日可以独立上学和放学。然而，妈妈始终觉得雪莉总是不好意思拒绝他人，又特别注重照顾他人的面子，所以不放心让雪莉独自面对这个复杂的社会。

到了初中，妈妈再也架不住雪莉的请求，也考虑到雪莉的确长大了，就答应雪莉独自上学放学。才没几天，有一天傍晚，到了放学的时间，雪莉却迟迟没有回家，妈妈担心不已，赶紧沿着从家里去往学校的道路寻找。走到半路，妈妈看到雪莉正在急急忙忙走路，赶紧问雪莉："雪莉，你怎么慌慌张张的？"雪莉说："妈妈，刚才有个人向我问路，我告诉她了，她却让我送她过去。我就送过去一段距离，都快到目的地了，她还是让我送她，我觉得不对劲，就赶紧跑回来了。"妈妈生气极了："雪莉，我和你说了多少次，不要和陌生人搭讪，更不要跟着陌生人去任何地方。你这样给人家指路，还把人送到某个地方，不就是和陌生人走了吗？如果发生意外，你如何保护自己呢？"雪莉已经意识到后果的严重性，也觉得很害怕，因而对于妈妈的批评没有任何反驳，同时懊悔不已，也再三向妈妈保证以后绝对不会再发生类似的情况。

妈妈的担忧很对，雪莉太注意照顾他人，也太胆怯，所以连拒绝别人

都不会。雪莉所经历的情况的确是很危险的,虽然向她问路的是女性,但是并没有人说女性不会犯罪。如今,还有人贩子为了拐卖孩子,居然以孩子为诱饵,可想而知坏人的心思有多复杂,简直防不胜防。

还记得那个护士学校惨死的女孩吗?女孩原本是好心,在看到孕妇求助后,帮助孕妇把东西拎着送回家。然而,女孩的自我保护意识简直太差了,她在把孕妇送到楼下后,又应孕妇的请求,把孕妇送到楼上,还接受孕妇的邀请,进入孕妇的家里。单纯善良的女孩不知道,孕妇毒蝎心肠,正是为了诱骗她给丈夫发泄淫欲,才向她求助。女孩奋不顾身地反抗,最终不但被性侵,还被残忍地杀害。

每当看到这样的事例,我们总是感到非常痛心,既心疼女孩在如花似玉的年纪殒命,也憎恨坏人实在太坏。那么从女孩自身的角度出发,如何避免这种情况的发生呢?首先,女孩要提高自我保护意识,要知道在特定的情况下如何保护自己。其次,女孩要学会拒绝,尤其是对于陌生人的求助,不要因为善良就抹不开面子,莫名其妙答应陌生人的请求。即使是熟人,也要勇敢地拒绝,千万不要以自身的安全为代价随随便便妥协。

常言道,路遥知马力,日久见人心。很多时候,即使相处很久,我们也不能轻易地相信一个人,因为画虎画皮难画骨,知人知面不知心。对于女孩而言,一定要时刻警钟长鸣,提醒自己提高安全意识,提升自我保护的能力,绝不因为任何原因随随便便地妥协,否则就会导致严重的、无法挽回的后果。

很多事情，根本不值得焦虑

青少年正处于身心发展的特殊阶段，很多时候，因为一些无关紧要的小事情，心情就会起伏不定；又因为很多无法排遣的困难，陷入莫名其妙的焦虑之中。实际上，心理学家通过实验发现，很多事情根本不值得焦虑。心理学家让实验对象分别在纸上写下自己的姓名和焦虑的事情，然后把纸收集起来，统一管理。等到一段时间之后，心理学家再次召集实验对象，又把他们曾经写满焦虑事情的纸分发下去。结果，实验对象经过比对发现，自己所焦虑的那些事情根本没有发生，即使有一两件事情真的发生了，也并没有因为焦虑而有任何改变。这充分证明每个人所焦虑的事情大部分不会发生，即使真的发生，焦虑也无法改变事情，更不可能扭转局面。既然如此，为何还要焦虑呢？

想明白这个道理，青少年就会改变焦虑的状态，不再焦虑，也会知道与其毫无意义地焦虑，不如调整好心态，快乐度过每一天，也让注定要发生的事情顺其自然。即便如此，还是有很多青少年会陷入多愁善感的忧思之中。正如人们常说的，少年不识愁滋味，为赋新词强说愁。为了改变忧虑的状态，青少年一定要端正心态，控制情绪状态，从而驱散焦虑，让人生阳光明媚，春暖花开。

第十一章 青少年的困惑：社交障碍的诸多表现

从本质上而言，焦虑无异于自寻烦恼。通常情况下，焦虑的人并没有真正面对糟糕的情况，只是因为他们预估有可能会发生糟糕的事情，所以感到身心疲惫，心情沮丧甚至绝望。实际上，事情的发展总是瞬息万变，也许这一刻让我们焦虑的情况，在下一刻就彻底改变了。因此，青少年面对焦虑一定要采取正确的态度，知道不如意是人生的常态，才能做到对各种不如意安之若素，处之泰然。实际上，很多时候焦虑产生的原因是对抗，如果我们不与很多事情对抗，就不会陷入焦虑之中。正如一句网红语所说的，既然哭着也是一天，笑着也是一天，那么我们为何不笑着度过人生的每一天呢？是啊，如果一切都是命中注定，我们在拼尽全部努力之后，所要做的就是心怀坦荡地接受。

马上要考试了，刘波非常担心，也因此而陷入忧虑之中，吃不好睡不着，学习成绩一落千丈。很多同学对于刘波的状态都不理解：你是学习成绩特别好的学生，怎么会害怕考试呢？你应该喜欢考试，因为每一次考试，你都能凸显自身的优势。的确，这是大多数人的想法，但是对于上次在考试中取得第一名好成绩的刘波而言，这个推理并不成立。刘波担心的不是自己是否能把考试考好，而是担心自己是否能继续考取第一名的好成绩。

张宇对于刘波的担忧心知肚明，他也知道刘波自尊心很强，很想通过考试证明自己的能力。为了缓解刘波的紧张，张宇劝说刘波："刘波，考试成绩第一名或者第二名有那么重要吗？日常测试无非是为了验证学习的效果，知道哪些方面学习得好，哪些方面还有不足。这又不是高考，不是一局定输赢的。就算是高考，当考试到了眼前，焦虑也毫无意义。如果你不焦虑，还能正常发挥。如果你继续焦虑，只会导致心神不宁，考试成绩下降。你选择哪一个呢？"刘波当然知道要选择后者，但是他就是紧张，

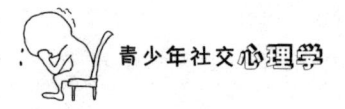

无法控制地紧张。结果，考试成绩公布，刘波还是第一名。张宇笑着恭喜刘波："看看，白白焦虑了吧！"

张宇说得很对，焦虑不但不能帮助刘波考出好成绩，还有可能导致刘波在考试中发挥失常，成绩不理想。很多事情的结果是无法改变的，或者至少是短期努力无法改变的。既然如此，除了努力之外，无须过度焦虑，所谓尽人事知天命，大概就是如此。

对于每个人而言，人生都不是一帆风顺的。常言道，人生不如意十之八九，这就告诉我们不如意是人生的常态，事事如意，反而显得不那么真实可信。对于人生的不如意，你采取怎样的态度，往往意味着你未来会拥有怎样的人生。你是积极振奋，拼尽全力，还是怨天尤人，自暴自弃，决定了等待你的是成功，还是失败。

作为青少年，人生的道路才刚刚铺开，一定不要因为各种原因而陷入忧虑之中。还记得杞人忧天的故事吗？未雨绸缪固然是好的，可以帮助我们提前做好准备，也有助于解决问题，但是杞人忧天只会让我们陷入焦虑之中无法自拔，也使得我们在成长的道路上走很多弯路。如果说很多人的心里都有一面镜子，那么我们要学会适时地使用放大镜或者缩小镜。例如，在遇到高兴的事情时，不如使用放大镜把高兴变大，也让心情更加喜悦；在遇到难过和伤心的事情时，不如使用缩小镜把悲伤缩小，让悲伤对情绪的影响降到最低。记住，忧虑是一个陷阱，人生一旦陷入这个陷阱，就会变得非常被动。当意识到忧虑的陷阱存在时，一定要远离，避免掉入。

第十二章
身心健康，才能
避免社交冲突，让交际利人利己

　　青少年要想在社交之中如鱼得水、游刃有余，就要保证身心健康。现代社会，生存压力越来越大，很多父母也会在无意之间把压力转嫁到孩子身上，或者因为家庭生活的动荡不安，导致孩子在成长过程中心神不宁、性格扭曲。孩子的成长就像一棵小树苗长成参天大树的过程，如果树苗的根部已经弯曲或者倾斜，还能成才吗？孩子也是如此，一个身心健康的孩子，首先要拥有优秀的品质，品质恶劣的孩子只会成为人生生产线上的次品，根本不会有良好的成长和发展。

男孩为何会因嫉妒而发狂

这几天,北京中科院附近的饭馆里,曾经的高中同学因为两年前的仇恨,残忍杀死同学的新闻还余热未消,网络上又传出一则让人震惊的新闻:一名年仅14岁的初中男孩,因为每次考试都屈居于第一名之下,居然有预谋地以极其残忍的手段,杀死班级里总是考取第一名的同学,并且认为这样做自己就可以当第一名。转眼之间,两个家庭支离破碎,这样的新闻让每一个看到的人都觉得心情沉重,不由得扪心自问:孩子们这是怎么了,为何心理如此扭曲,做出的罪恶行为又这么让人发指呢?

针对这样的社会热点新闻,尽管内心沉痛,还是有很多媒体人及时做出点评。有一位资深媒体从业者说,杀人的孩子之所以内心变态,性格扭曲,就是因为在成长的过程中从未得到有效的引导。也有人说,一个渣滓孩子的背后,至少有一个渣滓的父亲或母亲。作为父母,要想养育出身心健康的孩子,首先就要消除自己内心的负面情绪和恶劣性格因素,才能给孩子树立积极的榜样。尤其是在生活中,更不要以极端的方式处理事情,避免对孩子起到负面引导作用。

嫉妒,向来被称为人性中的弱点,也被称为人心中负面情绪的毒瘤。

很多成年人都无法控制嫉妒的火焰,作为孩子,更容易因为嫉妒而发狂。要想防患于未然,男孩必须在日常生活中就努力端正心态,以积极的态度面对生活中的很多不如意,这样才能心平气和,也才能保持冷静和理智。常言道,人生不如意事十之八九。在这个世界上,既没有十全十美的人存在,也没有任何事情可以做到毫无瑕疵。所以,青少年在成长的过程中没有必要追求绝对完美,更不要为了争强好胜而给自己过大的压力。人生既要拼尽全力去争取,也要随遇而安去享受,唯有把握好这两种心态的分界点,成功调整好自己的心态,青少年才能健康快乐地成长。

在一个偏僻的村子里,甲乙两个人比邻而居。因为住得近,甲乙之间的关系一开始还比较好,走得也亲近,但也因为太近了,渐渐地,甲乙之间产生了攀比心态,谁都不服气对方,谁都想比对方过得更好。最终,甲的心中妒火中烧,恨不得彻底毁灭乙。乙呢,虽然也妒忌甲,但是并没有做出出格的举动,而是每天都非常辛勤地劳作,希望日子越来越红火。

有一天,甲早早地起床,在田地里耕耘的时候,看到上帝现身。上帝对甲说:"你是一个努力生活的人,我愿意满足你一个愿望。你想得到什么都可以,不过需要注意的是,你想得到的一切,你的邻居都会双倍于你得到。"听到上帝前半句话,甲还很高兴,但是听到上帝后半句话,甲马上变得犹豫,暗暗思忖:我得到的一切,乙都会双倍于我得到,那就注定他会比我拥有更多。甲向上帝申请,要思考一天再决定要什么。次日清晨,甲早早地去到田地里,对如约而至的上帝说:"我要失去一只眼睛。"上帝不由得感到震惊:这就是嫉妒,让自己宁愿失去一只眼睛,也要害得别人失去两只眼睛。

虽然这只是一个寓言故事,却告诉我们嫉妒的毁灭性和邪恶力量。事例中,甲为了避免乙比他得到更多,居然放弃了得到一切的机会,而请求上帝让他失去一只眼睛。不得不说,这是甲心中一个恶毒的诅咒,这个诅咒不但诅咒了乙,更害了自己,还有可能让他永远生活在嫉妒的深渊里无法自拔,也因为嫉妒之火而彻底毁灭自己。

深度探究孩子扭曲性格形成的原因,不得不说,是父母对孩子的无限度满足,导致孩子在成长过程中变得越来越心性凌厉。因而,对于已经明白事理的青少年而言,一定要学会控制自己的欲望,疏导自己的情绪,而不要在遇到任何不满意的情况时,马上就陷入歇斯底里、无法控制的状态之中。否则,伤害的是他人,更是自己。

一个从来不曾遭受挫折的孩子,一个从未经历过拒绝的孩子,无法正视人生中哪怕是小小的失败。这样的脆弱,让孩子们也会陷入艰难的困境中无法自拔,而这一切都是父母的溺爱导致的。作为父母,要理性爱孩子,作为孩子,也要理性控制自己的欲望。整个宇宙从来不会围绕着任何一个人转,一旦形成以自我为中心的错觉,等待孩子们的必将是社会生活中严厉的惩罚。然而,悲剧一旦发生便再也无法挽回和弥补。每个青少年都要意识到,自己只是一个普普通通的人,而不是无所不能的神,也要知道自己的能力是有限的,不可能无限度发展。唯有客观认知自己,理性衡量自己,孩子们才能身心健康地发展,接纳自己,欣赏自己,让自己拥有充实美好的人生。

第十二章 身心健康,才能避免社交冲突,让交际利人利己

远离"垃圾人",避免惹祸上身

前些年,北京发生了好几起摔婴案。一起是在电梯,因为婴儿的父母与对方发生口角,所以对方便举起婴儿狠狠地摔下去。一起是在购物场所外面的停车场出口处。一位妈妈推着婴儿车从购物广场走出来,准备通过出口离开。也许是因为有事情,妈妈推着婴儿车走得很慢,正在这时,停车场出口处有车辆在鸣喇叭。这位妈妈并没有加快脚步离开。然而,这位妈妈不知道,她即将要面对一个"垃圾人"。很快,车上的司机下来,对着这位妈妈吼叫,斥责这位妈妈是否听到鸣笛声。这位妈妈也愤愤不平,与司机展开理论。然而,这位司机酒气熏天,在和这位妈妈一番争论无果之后,居然被愤怒冲昏头脑,抱起婴儿车上的小小婴儿狠狠地摔到地上。妈妈猝不及防,眼睁睁地看着悲剧发生,心痛欲绝。后来,这位醉驾且丧心病狂的司机虽然受到了应有的惩罚,但是作为旁观者在悲剧发生之后,却不得不开始深思:"为何会发生这样的悲剧?如何才能避免这样的悲剧发生?"

理智的人在拷问司机的罪恶灵魂之时,也不由得会想:在社会交往中,我们不仅会遇到理性的人,也会遇到很多神志不清、不懂得讲道理、情绪处于崩溃边缘的人。而且,每个人都有不同的生存状态,有的人积极乐观

向上，心理承受能力强，有的人则消极悲观绝望，原本就已经对于生活失去信心，在这种情况下哪怕遇到小小的刺激，他们也有可能做出过激的举动，导致自己陷入更绝望的深渊之中。所以，在生活中遇到形形色色的人时，一定不要做出过激或者出格的举动，而是要更多地理解他人，设身处地为他人着想，这样才有利于保持自身平静的心绪，也有利于人际交往顺利推进。

青少年原本就容易情绪冲动，在社会交往中更要注意控制好自己的情绪，这样才能在社交中占据主动，也争取获得良好的人际关系，实现顺畅的人际交往。青少年还要知道，很多时候并非有理走遍天下。当遭遇"垃圾人"时，讲道理是行不通的，与"垃圾人"展开心理上的博弈也不可能，最好的方式就是远离"垃圾人"。所谓惹不起躲得起，就是这个道理。

乐乐原本是个情绪冲动且很爱较真的孩子，经常喜欢和人争论长短，即使和爸爸妈妈说话都要分出个胜负。为此，妈妈几次三番告诫乐乐不要这么冲动，而是要因人而异，再决定是否讲道理。但是，妈妈的劝告收效甚微。

有一次，妈妈骑着电动车送乐乐去上学，有一段路正在修整，所有电动车都挤在狭窄的小道上，有一辆电动车骑行太快，把妈妈撞了一下，妈妈和乐乐连人带车摔倒在地上。乐乐气得指着那个人的鼻子就喊道："你是怎么骑车的，路这么窄，还骑得这么快，长没长眼睛！"那个人看到乐乐情绪冲动，马上也冲上来指着乐乐的鼻子说："你这个孩子怎么这么凶，你妈妈怎么教你的！"这个时候，妈妈也从地上站起来，赶紧挡到乐乐面前，对那个人说："你讲点道理，把别人撞到了，不先看看孩子哪里受伤，还和孩子吵架！"那个人依然气愤不已："你管管你家孩子吧，说话这么冲！"妈妈说："如果你好好地骑车却被人撞倒，你会怎么办？"那个人依然横眉怒对，妈妈赶紧打110报警，然后检查乐乐的伤势。在等待110到来期间，妈妈警告乐乐："遇到'垃圾人'，如果不是妈妈保护你，你继续和人争吵，说不定被撞了还要挨顿揍呢！"乐乐也意识到危险，赶紧噤声。直到110到场，那个人还在说乐乐态度恶劣，妈妈这才毫不客气地教训了那个人一番："你这个人真是没有素质和涵养，还说别人家教不好，你怎么不先说说你的家教呢？六十几岁的人，出口成'脏'，撞了孩子，不先看看孩子伤在哪里，还和孩子较真！"妈妈说完后觉得乐乐和自己都没有大碍，在警察处备案之后，就带着乐乐离开了。

事后，妈妈教育乐乐："乐乐，你以后说话一定要注意，不要总是逞口舌之快，导致局势更加恶化。尤其是在遇到'垃圾人'的时候，不注意说话会吃大亏。"乐乐有了这次教训，以后再也不盲目地逞强了。

这个社会上有很多"垃圾人"，他们心理扭曲，但是脑门上并没有写字。在社交中，青少年一定要控制好情绪，不要因为冲动而惹恼"垃圾人"，否则就会让自己陷入危险和被动的局面。尤其是在面对陌生人的时候，因为缺乏了解，更要谨慎行事，认真观察对方的心理动态，从而做出恰到好处的反应和决断。

"垃圾人"无处不在，青少年难免会遇到"垃圾人"，但是青少年可以做到的是有效控制好自身的情绪。唯有怀着宽容的心对待他人，最大限度调整好心态，才能对社交有正确的认知，也才能与他人建立和谐融洽的关系。

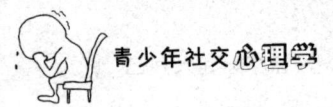

当遭遇校园霸凌，青少年如何应对

校园霸凌这个词语近年来越来越多地出现在人们的视野里，原本人们以为的纯真无邪、同学感情深厚的校园里，为何会有愈演愈烈的欺凌现象呢？究其原因，是孩子们之间的权利不对等，因而产生欺凌与压迫。其实，校园霸凌的现象一直存在，只不过随着时代的发展，欺凌手段越来越多样，欺凌程度也愈加严重。校园霸凌不但包括人际关系上的排挤，也包括肢体上的冲突、语言上的欺辱和谩骂。另外，很多对人造成伤害的流言蜚语，也是校园霸凌的表现形式之一。过去，校园霸凌现象往往以孩子小不懂事为由被忽略。从心理学的角度分析，校园霸凌会给孩子的身心健康带来严重的伤害和打击，甚至有些孩子在遭遇校园霸凌之后，产生厌学、退学的心理。正因为如此，近些年来校园霸凌现象得到社会的广泛关注。

通常情况下，校园霸凌不仅仅发生在单独的个体之间，它还常常是有组织、有预谋的。校园霸凌的场所也不固定，未必都是在学校里，也有可能发生在任何场所，如街道、社区、影院等。正因为校园霸凌随时随地都可能发生，所以受害者的心理阴影更大，极度缺乏安全感，也常常陷入焦虑的情绪之中无法自拔。在一些极端的校园霸凌事件中，有些孩子不堪忍受折磨和屈辱，选择结束自己的生命，由此可见他们遭受的心理创伤有多么严重。所以，在现代社会的教育中，作为学校和老师要致力于为孩子营造健康友爱的学习和成长环境，作为父母也要更多地关心孩子的心理健康和行为表现。当然，青少年自身也已经有了一定的社会阅历，具有辨识能力和思考能力，既然如此，就要学会在遭遇自己无法处理的问题时，积极地向父母或老师求助。

2017年6月一个深夜，网络上开始流传一段视频。在视频里，一个穿着校服的学生被人逼迫在卫生间的角落里，被迫用手捡起厕所里的粪便。在捡完粪便之后，还有人逼着他必须舔干净手指。有人通过视频辨认出，视频里孩子穿着的校服是某中学的，由此该中学校方马上启动调查工作。最终调查的结果让人触目惊心，受害的孩子在此之前已经被涉案的孩子勒索钱财、伤害身体，遭受了很长时间的欺凌。如果不是因为这段视频在网络上曝光，受害的孩子不知道还要继续忍受多久的痛苦。

前两年，有一个小学也发生了一起恶性校园欺凌案件。一位家长爆料，他在该学校就读四年级的儿子，身体被人用厕所纸篓里用过的纸和纸篓投掷过。为此，孩子寝食难安，陷入重度焦虑和紧张之中，因此患上严重的抑郁症。对于这样的情况，施加校园欺凌的孩子的父母只是轻飘飘地以一句"开玩笑"作为总结。不得不说，每一个校园欺凌孩子的背后，都有不负责任的父母和糟糕的家庭环境。

近些年来，校园欺凌的现象频繁发生，不管是遭受欺凌的孩子，还是施加欺凌的孩子，校园欺凌对于他们的成长都起到了消极负面的作用，也

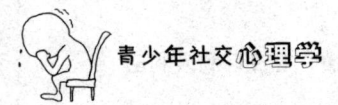

导致他们的成长面临严重的危机。除了学校要防范校园欺凌现象的发生，作为父母，也要给予孩子更多的关注和陪伴，而不要误以为只要让孩子吃好喝好，就是对孩子尽到抚养的义务。从本质上而言，孩子的成长是一个漫长的过程，作为孩子成长的引导者、陪伴者和监护人，不管是父母还是老师，都要对孩子投入更多的心力，才能保证孩子的身心健康与快乐成长。

不得不提醒每一位父母，一定要得到孩子的信任，这样孩子在遇到无法解决的难题时，才会积极地向父母求助。如果父母总是批评和否定孩子，动辄就对孩子颐指气使，日久天长，孩子就会失去对父母的信任，也不愿意继续依赖父母，因此导致严重的后果。例如，孩子在遇到无法解决的问题时，想到向父母倾诉只会得到父母对他们的怒声呵斥，那么他们就只会选择独自承担问题，一个人默默承受一切。这样一来，孩子就失去了最佳的求助对象。当孩子遇到问题时，向同龄人求助，因为彼此年纪相仿，人生阅历都有限，则会导致经过商议最终得到的解决方案是幼稚的。在这种情况下，只会导致事情恶化，也会使得孩子在成长过程中陷入困境，或者遭受无法挽回的伤害。

第十二章 身心健康，才能避免社交冲突，让交际利人利己

当被误解，女孩如何保护好自己

青春期女孩原本就敏感细腻，当遭到误解的时候，她们往往不知如何辩解，甚至因此而情绪低落，不知道如何面对自己和他人。当被误解时，青春期女孩对于误解要有正确的认知。在社会交往中，每个人都是独立的生命个体，每个人都有自己的思想。既然如此，就不要奢望别人总是能够理解和宽容你，尤其是在各种危急的情况下，遭遇误解更是难以避免的事情。作为女孩，要学会保护自己，在面对误解时也能做到坦然自若，用事实说话，否则一旦无法控制好自己的情绪，只会导致事情朝着糟糕的方向发展，使得局面无法控制。

当然，被误解的女孩难免觉得委屈，在这种情况下，拥有超强的自制力就更是必不可少。对于每个女孩而言，自制力可以帮助自身平衡情绪，控制情绪，从而始终保持理性。所谓先思而后行，正是自制力占据上风呈现出来的优势。女孩要想让自己更加完美，就要成为情绪的主宰，这样不但可以给他人稳重的感觉，也可以让自己做人做事有规划、有目标和方向。很多女孩都知道，情绪一旦失控，就如同脱缰的野马一样肆意妄为。所以，理性的女孩会努力控制自己，让自己在社会交往中展示出更好的一面，也让自己在成长的道路上更加成熟和淡然。

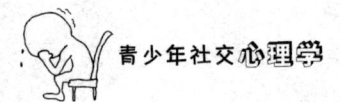

　　自制力是一种优秀的品质,拥有自制力的人哪怕遭遇误解、受到委屈,也能始终不忘初心。她们以隐忍和克制,帮助自己不断地奔向最终的目标。她们展现出理性的美,而不会因为思维和行动的混乱导致自己陷入被动的局面中。实际上,在社会交往中,有谁从来不曾受到误解和委屈呢?毕竟,没有人是他人肚子里的蛔虫,而且大多数人在考虑问题的时候,也会情不自禁从自身的角度出发。因此,在遭遇误解的时候,先不要急于辩解,否则只会让误解你的人情绪更加冲动。最好的做法是保持理性,如果面对的事情没有那么迫切需要解决,可以让时间来证明一切;如果需要证明,那么也可以选择更理性的方式处理问题。总而言之,不要让情绪失控,否则只会导致事与愿违。

　　上课的时候,坐在前排的雅丽让小薇帮忙捡起地上的笔。看到雅丽正等着用笔呢,小薇赶紧帮忙。然而,正在小薇低头捡笔的时候,老师提问了一个问题,所以小薇没有听清楚,恰巧老师点名让小薇来回答。小薇站起来,无法回答,老师生气地批评小薇:"上课的时间不认真听讲,扰乱课堂秩序,这是应该做的吗?"小薇向老师辩解:"老师,我没有扰乱课堂秩序。我刚才只是帮雅丽捡起地上的笔,就没听到你的提问。"老师当即生气地说:"你还狡辩。"小薇委屈得眼泪在眼睛里不停地打转,老师呵斥道:"坐下吧,下不为例!"

　　因为这件事情,小薇一整天都不开心。放学回到家里,妈妈看着小薇一脸不高兴,问道:"小薇,你怎么了?"小薇把白天在学校里发生的事情讲给妈妈听,妈妈说:"小薇,老师正在上课,你本来就不应该去捡笔。如果不着急用笔,可以等到下课再捡。如果着急用笔,你也可以先拿一支自己的笔给雅丽,这样就不会耽误听课。"小薇问:"我是在帮助同学,也要被批评吗?"妈妈想了想说:"你帮助同学当然好,

第十二章 身心健康，才能避免社交冲突，让交际利人利己

也要区分时间和场合。而且，你下课帮忙捡笔也是帮助同学，还不影响听课，岂不是更好吗？"小薇仔细想想，觉得妈妈说得也有道理，毕竟上课的时间是很宝贵的。

在遭到误解的时候，女孩们往往觉得委屈，也不知道该如何面对。实际上，委屈从来不是无缘无故发生的，有的时候，之所以被误解，也是因为做出了容易让人误解的事情。在成长的过程中，每一次被误解之后，女孩都要尽可能保持情绪平稳，此外也应该积极主动地反省自己，看看自己是否有哪些地方做得不对或不够好，从而有则改之，无则加勉，争取把事情做得更加圆满，避免引人误解。

在面对误解和委屈时，女孩最需要自制力，以此来控制自己的情绪，实现超越自我，成为自己的主宰。正如某位名人所说的，人最大的敌人是自己。的确如此，一个人要想在生命的历程中有更好的表现，就要能够面对误解和委屈，这样才能守得云开见月明。

社会交往是非常复杂的，青少年从原本简单纯粹的家庭环境中不断成长，渐渐地发现和同学的关系也不再那么单纯，而是变得复杂起来。因此，青少年一定要学会接受误解，而不要因为小小的误解就导致情绪失控，使得事情朝着更加恶劣的方向发展。良好的情绪是圆满解决问题的前提条件。青少年要记住，不管是对待同学，还是对待老师，也包括对待父母，都要保持理性，坦然相对，从而促进社会交往向良性发展，也给青少年的成长以积极有效的助力。

生命本位教育的缺失,让青少年迷惘

现代社会中,很多父母都有望子成龙的思想,因而更加关注孩子的成长,尤其注重孩子的学习。为了不让孩子输在起跑线上,很多父母都为孩子报名参加各种各样的课外班,殊不知,这样的舍本逐末,一味地只顾着孩子的学习,而忽略了孩子的心理健康,是非常糟糕的做法,也往往导致事与愿违。和学习相比,孩子拥有健康的心态更加重要,否则很多孩子会在学习中迷失,无法把握人生的方向,又怎么可能幸福快乐地成长呢?

现代教育中,不管是学校教育,还是家庭教育,都把学习成绩放在第一位,而忽略了对孩子进行生命本位教育。很多孩子在成长的过程中感到迷惘,尤其是青少年正值人生的关键时期,心理变化很大。作为父母,要想帮助青少年健康快乐地成长,就要教育青少年珍惜生命、热爱生命。归根结底,生命是1,其他的一切都是0。只有在有1的前提下,那么多0才有现实的意义,如果没有1,再多的0都毫无意义。

这个暑假,乐乐每天都坚持去上课外班,为了方便联系,也为了保证

第十二章 身心健康，才能避免社交冲突，让交际利人利己

安全，妈妈把自己用过的一部手机送给他，并且为他安装上电话卡。有一天，乐乐陪同学出门去买午饭，回到教室里突然发现手机没了。他马上想到应该是骑共享单车的时候，不小心把手机丢到车筐里忘记拿了，为此，他马上下楼去找。然而，楼下的共享单车很多，乐乐不确定哪一辆车才是他刚才骑过的，所以灵机一动，向楼下的保安借了手机，先是给自己的手机打电话，没有听到响声，然后给妈妈打电话："妈妈，我刚才……和同学一起去外面买午饭……我……"

看到手机上的陌生来电，妈妈原本以为是快递员小哥，但是当听到手机听筒中传来乐乐的声音，妈妈的心不由得提到嗓子眼，在乐乐吞吞吐吐说话的过程中，妈妈设想了好几种糟糕的情况，脸色都变了，拿着手机的手也微微颤抖。后来，乐乐终于告诉妈妈："我的手机找不到了，好像是忘记在车筐里，你能向我的手机打电话吗？"听到"手机丢了"这四个字，妈妈终于放下心来。但是，这个手机号不是老师的号码，妈妈赶紧问："这是谁的手机？"乐乐回答："我向保安叔叔借的。"听到乐乐向保安叔叔借手机，妈妈又开始紧张起来：真保安还是假保安？和保安在一起安全吗？为何不赶紧上楼去找老师？想到这里，妈妈赶紧告诉乐乐："乐乐，你现在马上把手机还给人家，然后上楼去找朱老师，让朱老师发短信告诉我你已经安全上楼。"乐乐听到妈妈的声音很紧张，不敢耽搁，赶紧上楼去找老师。到了教室，乐乐才发现原来手机就在他的铅笔盒下面压着呢。乐乐用自己的手机给妈妈发了信息，妈妈这才放下心来。

下午放学回家之后，妈妈问乐乐："知道你今天犯了一个什么错误吗？"乐乐不假思索回答："手机丢了。"妈妈摇摇头，乐乐不解："你不是担心手机丢了吗？"妈妈说："你用一个陌生的号码给我打电话，快把我吓

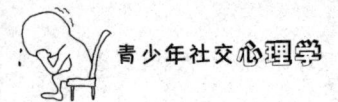

死了，我哪里还有心情管手机丢不丢呢！我最担心的是你的人身安全。你的错误在于，发现手机丢了之后没有上楼去找老师，而是自己下楼四处寻找手机，还向保安借用电话。我不是说保安都是坏人，而是每个人都有可能是坏人，既然老师就在楼上，你为何不上楼找老师借用电话呢？万一你遇到的是居心叵测的坏人，人家知道你一个人在外面，而且没有手机，对你心生歹念，你又该怎么办呢？"乐乐本来丝毫没有意识到和陌生的保安借用电话有危险，听到妈妈这么一说，这才后怕起来。妈妈继续语重心长地对乐乐说："乐乐，我从头到尾没有问你一句关于手机的事情吧，是因为你比手机更重要，你对于爸爸妈妈而言是最重要的。你在意识到手机丢了时，要第一时间去安全的地方，向老师求助，而不是自己去外面寻找，向一个陌生人求助，明白吗？"乐乐看着妈妈，似乎不认识妈妈似的："妈妈，我还以为你会因为手机丢了而骂我呢？"妈妈笑起来："我的确心疼手机，但是我更关注你的安全问题。你必须保证自身安全，这永远都是第一位的。"乐乐感动地点点头："妈妈，原来我在你的心里这么重要。"

很多父母在孩子不小心弄丢东西之后，往往会责骂孩子，这样的责骂使孩子误以为在父母心中各种东西才是最重要的。为此有些孩子在犯错或者丢失东西之后，总是第一时间寻找东西，而不顾自身安危。还有些孩子因为害怕被批评，会逗留在外面不敢回家。父母当然知道，孩子是最重要的，关键在于父母也要让孩子知道对于父母而言孩子才是最重要的。把爱说出来，而不是以错误的方式表达出来，每个父母都要做到这一点。

生命教育的缺失，导致很多孩子在成长的过程中遭遇困境，他们不知

道自己在父母的心目中有多么重要，也不知道如何保护好自己，更不知道自己比这个世界上任何贵重的东西都更值得珍惜。实际上，从成长的角度而言，生命教育能够促使孩子珍惜生命，热爱生命，对于孩子的人生是有利无弊的。作为父母，要让孩子知道生命的重要性；作为青少年，要坚持把生命放在第一位去考虑。

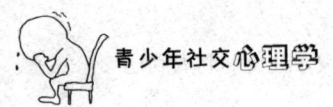

增强心理承受能力,青少年才能成为强者

现代社会,很多孩子从小衣食无忧,在父母与长辈的爱与呵护中长大,从未承受过任何压力和坎坷挫折,就像温室里的花朵一样,他们的生命力非常脆弱,更有着一颗不堪一击的玻璃心。为何叫玻璃心呢?顾名思义,指的是孩子们的内心没有承受能力,在生活中哪怕遭遇小小的坎坷和挫折,都会感到颓废沮丧,甚至完全放弃努力。这样的青少年,无法对自己的人生负责,更不可能成为人生的强者。

如今,大多数孩子抗打击和挫折的能力都很差,青少年正处于身心发展的特殊阶段,更容易感情冲动,情绪起伏不定。当面对人生的不如意,或者在社会交往中与人发生矛盾和争执时,青少年的情绪总是濒临崩溃的边缘。正如人们常说的,人生不如意十之八九,青少年要想成长,就要增强心理承受能力,坦然面对人生的风雨泥泞和挫折磨难。在成长的过程中,青少年还可以有意识地磨炼自己的意志。作为父母,也要有意识地增强青少年的心理承受能力,而不要让他们活在不切实际的梦幻世界里。唯有能够从挫折和打击中脱颖而出的青少年,才能成为真正的强者。

第十二章　身心健康，才能避免社交冲突，让交际利人利己

2010年上半年，富士康集团接连发生了多起员工自杀事件。这些员工，从18岁到25岁不等，都正值人生大好年华。他们为何会选择自杀呢？最重要的是，还有很多员工在自杀前毫无预兆，一切表现如常。但有一点可以确定，那就是在死前他们的内心都经受了痛苦的煎熬，所以才会以这样决绝的方式放弃生命。

为何有的人会选择放弃自己的生命？不管这些人选择自杀的原因是什么，有一点可以确定，那就是他们面对人生的坎坷和挫折，都觉得无力承受，所以才会觉得生不如死。要想帮助青少年摆脱自杀的困扰，就要增强青少年的心理承受能力。作为父母，从孩子呱呱坠地开始就全身心投入去疼爱和照顾孩子，然而，到了该放手的时候，一定要学会放手。如果父母不舍得放手，又不能照顾孩子一辈子，孩子未来要如何面对残酷的人生呢？父母要意识到一点，那就是全方位照顾孩子并不是真正爱孩子，尤其是对于从童年到成年过渡阶段的青少年而言，更要采取放手的态度，才能循序渐进锻炼孩子的自理能力。唯有如此，随着羽翼逐渐丰满，孩子才能独立生活，也才能肩负起人生的重担。

曾经有位名人说，心若改变，世界也随之改变，听起来这句话是很空洞的，认真想想，这句话却为我们揭示了生活的真相。对于每个人而言，心态决定了人生的方方面面，对于人生的很多困境，只要心里想开了，很多难题就会消散于无形。作为青少年，也要摆正心态，积极地面对人生中的失败，全力以赴做好每一件事情，鼓起勇气一往无前，只有这样，在人生中才能有更多的收获，到达自己梦想的彼岸。

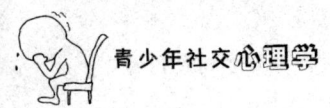

嫉妒是把双刃剑,伤人害己

很多青少年会陷入嫉妒的旋涡之中,无法自拔。究其原因,就是他们喜欢攀比,不管什么事情都要与他人比较,面对比自己差的人自我感觉良好,面对比自己强的人就会很自卑,表现出羡慕嫉妒恨的复杂情绪。然而,嫉妒是把双刃剑,伤人伤己,嫉妒会让人做出失去理智的举动,伤害别人,同时也葬送了自己的前途。

嫉妒是人的本能之一,人人心中都有嫉妒的情绪,如亲人之间、朋友之间、同事之间、夫妻之间、兄弟姐妹之间等,都有可能产生嫉妒情绪。大多数人的嫉妒是因为不如别人,为了避免嫉妒的负面情绪,青少年应该调整好心态,从根源上消除嫉妒。首先,要有正确的心态,要积极努力进取,从而激发自身的所有力量,在人生的道路上再创辉煌。其次,要看到自身的优点,也要看到所嫉妒者的缺点和不足。这样一来,就可以发挥自身的优点帮助被嫉妒者,从而化解嫉妒情绪。

实际上,每个人都是这个世界上独一无二的生命个体,每个人都需要激发自己的生命力量。当自己的内心足够强大和笃定,我们就不会因为外界的各种变化而影响自己,这是非常重要的。知道自己心之所向,也知道

第十二章　身心健康，才能避免社交冲突，让交际利人利己

自己想要怎样的人生，就不容易产生嫉妒这种负面情绪了。

小小和荷花原本是好闺密，也是好同学、好同桌。就因为嫉妒，小小不但做出伤害荷花的事情，也让自己陷入极大的困境之中，被全班同学指责和鄙视，这到底是为什么呢？

原来，小小的学习成绩没有荷花好，尤其是作文，与荷花更是差了一大截。前段时间，学校里进行作文选拔赛，要选出代表去参加区里的比赛。小小和荷花都参加了，但是荷花当选，小小没有当选。小小妒火中烧，在比赛前一天，居然偷走了荷花的橡皮，而且还把荷花钢笔里的墨水都挤了出去。比赛当天，荷花正准备拿出文具大显身手，却发现自己钢笔没有墨水，橡皮也不见踪迹，荷花马上慌张起来，还着急得哭了。后来，监考老师从其他参赛者处借了一支钢笔给荷花，这才算解了荷花的围。然而，因为情绪激动，又因为失去了很多写作时间，导致最后作文没有写完。

对于荷花的表现，老师感到很纳闷，因为荷花平日里是一个很稳重的孩子，怎么可能在比赛时出问题呢？为此，老师调看班级的录像，这才发现小小对荷花的文具盒做了手脚。渐渐地，同学们都知道了这件事，荷花也知道了真相。荷花当即和老师申请调换座位，其他同学则对小小敬而远之。

因为嫉妒，小小做出了冲动的举动，把荷花的作文比赛搞砸了。其实，小小的泄愤方式完全错误，因为这样的小人手段并不能提升小小的作文水平，也不能降低荷花的作文水平，而只会让全班同学都对小小有意见，都因为小小破坏了班级荣誉而生气。对于小小而言，嫉妒就像把利剑，不但

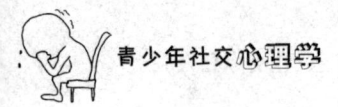

伤害了荷花，也伤害了她自己。

实际上，每个孩子都需要全力以赴，才能在成长的道路上有所坚持和进步，但是进步只是相对于自己而言的，并非每个人在进步之后都能把别人远远甩下。与其与那些比自己优秀的人进行无所谓的攀比，进而嫉妒他们，不如把今日的自己与昨日的自己相比，从而激励自己不断进步。如果身边有亲人、朋友取得了巨大的成就，我们不但不要嫉妒，反而还要祝贺他们。要知道，真正的朋友就是希望对方好。否则，被嫉妒之火焚烧的情谊，根本不是真正的情谊。

青少年尤其渴望融入同龄人的群体中，从而找到自身的位置，证明自身的价值。当然，在团队中成长是好的，却不要因为与他人盲目攀比而陷入困境。归根结底，人生不是一场角逐赛，而是一场证明自己、实现自我的博弈。爱攀比、爱嫉妒的人，还应该形成正确的自我认知，明白"金无足赤，人无完人"的道理，也要想方设法充实自己的生活。作为青少年，心灵充实，内心笃定，明确人生的目标和努力的方向，就会明白自己就是风景，又何须艳羡别人的风景呢？努力吧，青少年，未来一定比你想象得更好！

第十三章
日益发达的网络与社交退缩之间的关系

现代社会,网络越来越发达,很多青少年沉迷于网络之中无法自拔,与现实世界却越来越疏离。不得不说,网络在帮助青少年开阔眼界的同时,也给青少年的成长带来了很多负面影响。网络就像一把双刃剑,运用得好,可以对青少年的成长起到积极的推动作用;运用不好,则会影响青少年的健康成长。作为青少年,一定要把握好使用网络的原则和限度,从而保证自己健康快乐地成长。

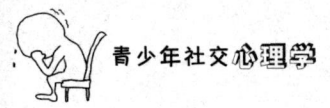

青少年，你为何沉迷于虚拟世界

青少年的成长需要各方面的营养，不但需要保证身体健康成长的物质养分，还需要滋养心灵的精神养料。现代社会，很多青少年的身体成长已经有了充足的物质营养素，但是在心理健康方面还有很大缺陷。很多父母总是拼尽全力为孩子提供物质条件，却没有更多地关注孩子的心理健康。尤其是在很多经济落后的地区，年轻的父母总是出去打工，把孩子交给家里的老人带。在这种情况下，孩子虽然有祖辈照顾吃喝拉撒、衣食住行等，却无法得到父母的管教，因此常常沉迷于网络。在城市，也有一些父母忙于工作，疏于陪伴孩子，而且城市里的诱惑更多，孩子也更容易沉迷网络世界，迷恋网络游戏。

当发现孩子有严重网瘾的时候，很多父母无法有效帮助孩子戒除网瘾，就会把孩子交给那些专门戒网瘾的学校。殊不知，只靠着戒网瘾学校的强制控制，孩子根本无法成功戒除网瘾，有极少数孩子在进入这样的特殊学校后，还出现不明原因的死亡。可以这么说，父母把孩子送入戒网瘾学校里，原本就是对孩子不负责任的行为。试想：生养孩子、了解孩子的父母，对于孩子成长过程中出现的问题都无法应对，那么对孩子非常陌生的人，

第十三章 日益发达的网络与社交退缩之间的关系

又如何能够帮助孩子解决问题呢？每一位用心的、对孩子负责的父母，都既要关注孩子的身体，也要关注孩子的心理。

浩浩的家在偏远的农村，他出生才三个月，妈妈就跟随爸爸一起外出打工，而把浩浩留给爷爷奶奶带。爷爷奶奶年纪大了，虽然对于浩浩在生活方面照顾得很周到和用心，却完全忽略了浩浩的心理健康。小时候，浩浩乖巧听话，随着渐渐长大，他的心思越来越重，因为找不到合适的人倾诉，也因为父母不在身边常常受人欺负，他越来越内向。

升入初中之后，浩浩不在村子里读书，而是到了县城就读中学。正是在县城读书的这段时间，浩浩开始接触网络，从此一发不可收拾，越来越痴迷于网络聊天、网络游戏。原本学习成绩中等水平的浩浩，接触网络后学习成绩一落千丈。渐渐地，他从偷偷摸摸玩游戏，到通宵玩游戏，甚至到白天也开始旷课。无奈之下，老师只好联系浩浩的爷爷奶奶，爷爷奶奶又联系了爸爸妈妈。爸爸妈妈得知浩浩沉迷于网络，很懊悔这么多年来没有给予浩浩更多的关心和照顾，妈妈当即辞掉工作回到家里。然而，此时浩浩沉迷网络已经有些失控。妈妈尝试了各种办法，都收效甚微，后来爸爸也回到家里，尽可能地陪伴浩浩，渐渐地，浩浩才摆脱网瘾，越来越习惯和喜欢与爸爸妈妈在一起。

孩子从呱呱坠地，就在父母的精心照顾下成长。最初，孩子的活动场所主要在家里，随着渐渐长大，孩子开始接触社会，进入幼儿园，进入小学、中学，实际上，这也是孩子社会化的过程。如果社会化进程进展不顺利，孩子在成长过程中就会面临很多困难。如果社会化过程进展顺利，孩子在

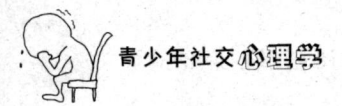

长大成人之后就更容易融入社会，也能建立良好的人际关系。

社会化让青少年符合社会要求，遵守社会秩序，从而在社会组织中得到价值观念的认同，也让青少年的言行举止有利于维持社会稳定。现代社会发展速度越来越快，对于每个人的要求也越来越高。作为代表着希望和未来的一代，青少年一定要从虚拟的网络世界中挣脱出来，更加充满热情和积极地投入现实的社会生活中，从而让自身不断成长和成熟起来。

尤其需要注意的是，青少年对于与同伴交往的需求很强烈，他们渴望融入同龄人的团体之中，也渴望得到同龄人的认可和肯定。在与同龄人相处的过程中，青少年不但可以得到陪伴，还可以获得成长，也可以通过向同龄人学习，让自己在各个方面更积极地发展。

网络游戏成瘾,如何消除

近些年来,网络游戏为何这么受青少年甚至是很多成年人的追捧呢?究其原因,是青少年正处于人生中特殊的成长阶段,心理状态不稳定,情绪不稳定,当对于现实生活不满意的时候,就会陷入冲动的心态和情绪之中无法自拔,更可能做出过激的举动。然而,现实终究是现实,在现实的世界里,即便是未成年人也要接受法律的约束和道德的监督,所以很多青少年尽管心情郁闷,却找不到合理的方式宣泄。但是,在游戏世界里,规则、秩序、法律、道德,一切都截然不同。青少年一旦进入网络的世界,尤其是在很多充满暴力和血腥的游戏中,他们可以肆意发泄内心的愤怒和不满,也可以肆无忌惮地做自己想做的事情。这样的自由,是现实世界中绝对没有的。这就是青少年对网络游戏成瘾的重要心理原因之一。

很多父母都为孩子沉迷于网络游戏而烦恼,还有些父母对于有重度游戏瘾的孩子无计可施,因此就把孩子送入各种戒除网瘾的学校。实际上,如果父母都无法缓解孩子的网络游戏成瘾行为,那些戒除网瘾的学校又能有什么好的办法呢。要想帮助青少年戒除网瘾,最重要的不是找到任何机构提供相关方面的服务,而是找到孩子网络游戏成瘾的根本原因,从根源上帮助孩子戒掉网瘾。

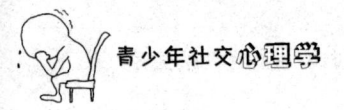

整个小学阶段,张强都不知道网络游戏为何物,每当听到男生们在一起讨论网络游戏,张强都不知其所云。小学毕业的那个暑假,张强终于按捺不住好奇心,开始琢磨如何玩网络游戏。这一琢磨,张强就像进入了一个奇幻的世界,在这个世界里,他无忧无虑、自由自在,再也不用为作业发愁,更不用为成绩担忧。原本,张强因为没有考上重点初中,心情抑郁,但是一旦打开游戏,他就马上忘却一切烦恼,变得心情愉悦。

张强越来越喜欢玩游戏的感觉,原本,他想玩过这个暑假,只要初一开学就努力认真地学习,然而真正开学之后,张强却总是想着玩游戏,有的时候正在上课呢,脑子里仍想着关于游戏的事情。初一上学期过去,张强的学习成绩很不理想,小学阶段在班级里成绩尚可的他越来越退步,而且由于过度沉迷于网络游戏中,张强与班级里同学的关系日渐疏远,反而与网络上一起玩游戏的朋友之间经常联系,相约一起玩游戏。

期末考试之后,看着张强在班级里倒数几名的成绩,爸爸妈妈意识到问题的严重性,决定借着假期的时间彻底改变张强痴迷于游戏的坏习惯。原本,张强以为爸爸妈妈一定会彻底没收电脑,永远不许他玩游戏,其实他已经想好对策,那就是拿着钱去外面的网吧里玩。然而,出乎张强的意料,爸爸一本正经地问张强:"儿子,想光明正大地玩游戏吗?"张强点点头。爸爸说:"既然这样,咱们必须约法三章。"张强问:"是不允许我玩游戏吗?"爸爸摇摇头:"不是不允许,是从偷偷摸摸地玩变成光明正大地玩。"张强连连点头。爸爸说:"第一点,规定游戏时间,即周一到周五晚上之前和周日晚上,不允许玩游戏,以免影响学习。第二点,游戏的时间是周六日两个白天中的任意一个半天。第三点,玩游戏不许影响学习,如果学习成绩稳步上升,还可适度延长玩游戏的时间。"张强听说有半天的时间

第十三章 日益发达的网络与社交退缩之间的关系

可以玩游戏,因而并没有特别抵触这个提议。此后,看到张强渐渐地戒掉游戏瘾,只是每个周末玩半天的游戏,爸爸也很支持张强,毕竟玩游戏有的时候的确可以放松心情。后来,为了与张强有共同语言,爸爸也注册了游戏账号,还常常一起与张强玩游戏呢!

在这个事例中,爸爸之所以能够成功引导张强戒掉游戏瘾,就是因为他尊重张强,没有严令禁止张强玩游戏,而是限定张强学习时间内不允许玩游戏的同时,还为张强规定了可以光明长大、理直气壮玩游戏的时间。对于初中的孩子而言,每个周末能有半天的时间痛痛快快玩游戏,这个规定简直无可挑剔。为此,张强很珍惜这样的机会,也努力做到拼尽全力完成学习。在这样的状态下,相信张强的学习成绩非但不会继续下滑,反而会稳步上升!

如何消除青少年网络游戏的瘾呢?

首先,适度管理。很多父母一旦听到孩子沾染上网络游戏,就如临大敌,恨不得马上帮助孩子戒掉网瘾。他们往往约束孩子,坚决禁止孩子玩网络游戏。殊不知,孩子的好奇心是非常强烈的,尤其是青少年正处于成长的特殊阶段,他们有主见,不愿意时时处处依附于他人,为此,他们常常会违反父母的规定,争取所谓的自由。所谓哪里有压迫,哪里就有反抗,如果父母限制青少年的方式不正确,还会导致青少年奋起反抗,让事情的发展更加违背初衷。因而,对于有网络游戏瘾的青少年,更应该做的是引导,而不是一味地压制。以恰到好处的方式引导青少年,还可以给青少年规定游戏时间。在游戏时间之外,青少年不允许玩游戏,而在游戏时间之内,父母不得干预青少年。这样有疏有堵,才能对青少年恩威并济,教育和引导的效果也会更好。

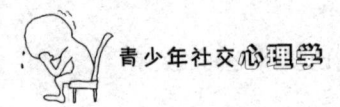

其次,多陪伴,是父母帮助青少年渐渐戒掉网瘾,回归丰富精彩的现实生活的关键所在。很多青少年之所以沉迷于网络游戏,就是因为他们在成长的过程中缺乏父母的陪伴,心灵空虚寂寞,情感无处寄托。当父母耐心地陪伴青少年一起成长,也以爱滋润青少年的心田,青少年就能身心健康地长大,也能在人生的道路上不断地前进。有的时候,还可以以小小的成功激励青少年,让青少年有成就感。这样一来,青少年内心充实,对于自己的人生也充满希望,当然不会在玩游戏上浪费过多的时间,而只会把游戏当成消遣娱乐的方式。

再次,一切外部力量的约束终究只能取得短暂的效果,一个人要想长久约束自己,就要形成内部的自我约束力量。青少年的自制力往往薄弱,在成长过程中很容易受到各种诱惑,父母除了要给青少年自由,也要适度约束青少年,以弥补青少年自我约束力的不足。当青少年学会控制自身的言行举止,他们对抗网络游戏的力量就会越发强大。

最后,培养青少年的兴趣爱好,让青少年感受到很多事情的乐趣。归根结底,网络世界没有现实的世界有趣、温暖、生动,青少年之所以沉迷于网络世界,就是因为他们没有领略到现实世界的趣味。作为父母,要引导青少年更加关注现实世界,也可以在适当的时机培养青少年的兴趣爱好。与其把大量的金钱、时间都浪费在网络游戏上,不如做一些生动有趣、能够提供生命养料的活动。总而言之,青少年不要成为网络游戏的俘虏,而要战胜网络游戏的瘾,从而给予自己更大的成长空间,也帮助自己身心健康、充实快乐地成长。

有网瘾的青少年社交退缩现象严重

随着网瘾越来越大,很多青少年出现了社交退缩现象。当然,因为网瘾导致的社交退缩现象,与传统意义上的社交退缩有着一定的差异。传统意义上社交退缩的人总是把自己封闭起来,恐惧与他人相处和交往,而网瘾状态下的社交退缩,只是在现实生活中封闭自我,不愿意与人交往,一旦进入网络的虚拟世界,社交表现就会截然不同。很多社交退缩的孩子一旦进入网络世界,总是变得非常健谈,很愿意与人交流,甚至还会因为网络上沟通得很好,他们很可能选择在现实中与网友见面。不得不说,网瘾状态下导致的青少年的社交退缩,与现实生活中的表现存在很大的差异。

从心理学的角度分析,有社交退缩表现的孩子往往性格压抑,内心孤独,对于社会交往总是怀着谨慎的态度,有的时候甚至反应迟缓。他们通常有被同龄人排斥的经历,所以对于社会交往缺乏信心。但是,由于网络的特殊性,使得他们在网络世界里的表现截然不同。网络中,人与人之间不需要面对面,青少年往往表现得更加真实、自然和随意,缺乏社会经验的他们往往忽略了网络世界的复杂和残酷。他们在网络上表现得越自然,在现实社会交往的退缩行为就越发明显。

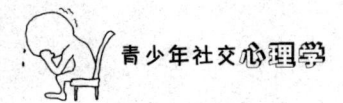

为了鼓励青少年更多地融入现实生活，与现实中的人进行社会交往，父母一则要帮助青少年减轻对网络的依赖，二则可以通过提升青少年在现实社交中的感受，引导青少年更加积极地投入现实的社交生活中。父母尤其需要注意的是，不要因为任何原因而否定青少年从网络社交到现实社交过程中表现出来的行为，这个时期的青少年最需要的是鼓励，他们唯有感受到现实生活的温暖，才能让自己的心变得更加柔软。

小欧家境优渥，却总是郁郁寡欢。原来，从小欧小的时候，父母就忙于工作，忙于开拓事业，因而对小欧的关注和照顾明显不足。小欧是由保姆带大的，随着渐渐成长，进入青春期，小欧的内心越来越苦闷。尤其是看到其他同龄人和父母亲密接触、一起旅游的照片时，小欧心里更加五味杂陈。小欧不明白父母为何要挣那么多钱，对于他这个唯一的儿子却那么漫不经心。

有一段时间，孤独的小欧开始接触网络，而且越来越沉迷于网络交友、网络聊天。在网络上，小欧会把自己所有的心事都向着素未谋面的网友倾诉，在现实生活中，小欧却表现出严重的社交退缩。他不但不愿意与同学、朋友交流，而且面对父母也无话可说。等到父母终于意识到小欧的异常时，小欧已经离不开网络了。每天，他不是对着手机就是对着电脑，一整天也不说一两句话。意识到小欧有可能存在问题，爸爸妈妈这才慌了神，带着小欧问诊心理医生。然而，小欧不愿意配合，更不愿意把自己的所思所想告诉心理医生。心理医生花费了很长时间，尝试了各种办法，才知道小欧是因为对现实生活失去信心，也失去倾诉的欲望，所以逃避在网络中。后来，在心理医生耐心的疏导下，小欧渐渐地摆脱网瘾，能够和父母进行简单的

交流。然而,他还是不愿意出门结识新朋友,在学校里与同学也非常生疏、有隔阂。心理医生告诉爸爸妈妈:要想改变小欧目前的状态,让他融入同学们中,还需要漫长的过程。

当青少年沉迷于网络,不管是网络交友,还是网络聊天,他们对于现实生活的兴趣都会减弱。毕竟在虚幻的网络世界里,青少年可以享受到更多的自由。对自由极度渴望而对现实中的各种约束避之不及的青少年,往往很难抗拒网络的吸引力。

需要注意的是,青少年的社交退缩既包括行为上的退缩,也包括内心的退缩。很多父母能够发现青少年在社交行为方面的明显退缩表现,却无法觉察青少年内心里对于社交的退缩趋势。正如事例中的小欧,就是心理和行为的双重退缩,因而父母首先要解决小欧的心理问题,再缓解小欧的社交退缩行为。不要把青少年的网瘾与社交退缩孤立开来看,每个人的时间和精力都是有限的,在某个方面投入大量的时间和精力,必然导致在其他方面能够投入的时间和精力大大减少。唯有把网瘾与社交退缩综合起来考量和处理,才能最大限度地帮助青少年恢复对于社会交往的热情,也才能有效缓解青少年的网瘾,让他们走上健康快乐成长的道路。

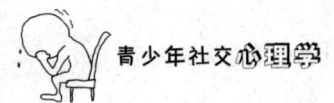

社交退缩、网络成瘾与亲子关系

当青少年已经出现严重的社交退缩心理倾向和行为时,作为父母,除了要帮助青少年减轻网瘾之外,还应该怎么做,才能卓有成效地唤醒青少年对于社交的热情呢?心理学家经过研究证实,亲子关系亲密无间、依恋程度高,对于缓解青少年的社交退缩会有良好的作用和效果。从人际关系学的角度分析,青少年与父母关系的亲密程度,将会影响青少年是否信任人际关系中其他类型的亲密关系。那些与父母感情亲密深厚的青少年,更容易建立良好的人际关系;而那些与父母感情淡漠、关系疏远的青少年,在社会交往中很难与他人建立良好的人际关系,这是因为他们对于社会交往缺乏信心,对于人与人之间的关系也缺乏信任。

在西方国家,有很多心理学家专门研究亲子关系对青少年社交的影响。结果证实,如果青少年始终与父母处于消极依恋的状态,那么他们对于其他的人际关系就会渐渐地失去信心,也会变得越来越消极。即使成年之后,他们的社交退缩表现也会持续下去,从而影响他们的社会交往和健康成长。从普通人的角度来理解,亲子关系理应是这个世界上最亲密无间和坚定稳固的关系,如果亲子关系不能满足青少年的心理和感情需求,那么他们必

第十三章 日益发达的网络与社交退缩之间的关系

然对其他类型的人际关系感到失望，始终持有保留态度。换个角度看，亲子关系良性发展的父母与子女之间，子女对于父母更加信任，也往往能够接受父母善意的建议。反之，如果亲子关系紧张，子女对父母怀有质疑的态度，那么子女就会对父母心生反感，也常常情不自禁要与父母对立。

这恰恰与青少年网瘾的相关性不谋而合。亲子关系不融洽的父母与子女之间，父母往往缺乏对子女的陪伴，与子女的关系陷入困境，导致子女更多地沉迷于网络，逃避在网络中，也在网络的虚拟世界里满足自己对爱恨情仇的幻想。反之，如果亲子关系良好，父母始终能够用爱和耐心陪伴孩子，则孩子在现实的生活中过得充实，感情丰富，也有所寄托，他们就有更加强大的心理力量去战胜网瘾，从而回归现实，回归到有温度的社会交往之中。

可乐是个非常乖巧的女孩，她总是带点羞怯，尤其是在面对陌生人的时候，她还常常不自觉地要躲起来。有的时候家里来了客人，妈妈要求可乐向客人问好，可乐却躲在房间里不愿意出来。渐渐地，妈妈不愿勉强可乐，也就任由可乐按照意愿行事。

然而，进入青春期之后，可乐明显的社交退缩行为，导致她的社会交往面临很大困境。妈妈这才意识到问题的严重性，原本以为是可乐的心理状态出现问题，接受心理治疗之后，妈妈才知道是因为她在可乐小时候对可乐过度保护，没有给可乐提供机会经常与各种各样的人交往导致的。妈妈很后悔，但是面对非常害羞的可乐，她只能补课，把自己在可乐小时候应该做到而又没有做到的事情，全都补上。

虽然对于年幼的孩子而言，害羞、认生都是正常的，但是对于年纪稍

大一些的孩子来说,如果还是表现出害羞的状态,父母就不要一味地顺从孩子的心意,而是要经常提供机会让孩子与人相处,也要经常鼓励孩子,这样才能让孩子更加积极主动地参与社交,既可以避免孩子陷入网瘾的状态无法自拔,也可以激发孩子对于社交的积极性和主动性,避免社交退缩。

众所周知,父母是孩子的第一任老师,孩子是父母的镜子。任何时候,当孩子的成长出现异常情况,父母先不要急于批评和否定孩子,而是要从自己身上寻找原因,从而探寻到缓解亲子关系、赢得孩子信任的方法。

此外,父母的性格特点也往往对孩子的网络成瘾、社交退缩产生影响。如果父母过于敏感抑郁,则孩子在社交关系中也会出现退缩行为,因而网络成瘾的倾向性更大,或者说孩子利用网络逃避现实社会交往的概率更高。反之,如果父母积极乐观、热情开朗、落落大方,则孩子的社交行为表现也会更积极主动。当孩子拥有良好的社交状态,身边经常环绕着朋友,感受到各种温暖的情谊和与人相处时的快乐,他们还会退缩吗?

心理学家经过研究发现,要想提升孩子对于社会交往的积极性、主动性,等到孩子进入青春期之后再去积极地鼓励,往往为时晚矣。明智的父母会在孩子小时候,就积极主动地回应孩子、鼓励孩子,这样可以增强孩子的社交信心,避免孩子过分羞怯。曾经有心理学家提出,孩子在四岁前后在社交交往中表现出的羞怯情绪,甚至与他们七岁前后表现出的社交退缩行为有密切关系。我们不难推断出,社交退缩行为背后,是孩子羞怯不安、敏感焦虑的心,这与孩子沉迷于网络世界、逃避现实生活息息相关。父母要想减轻孩子的羞怯状态,让孩子从小时候就对于社交不畏缩、不退却,而且积极主动地迎难而上,就要避免过度保护孩子。在社会交往方面,越小的孩子适应性越好,何不让孩子从小就养成不畏惧陌生人、不害怕与

第十三章 日益发达的网络与社交退缩之间的关系

人交往的良好心态和行为习惯呢？否则，过度保护只会让孩子如同温室里的花朵一样，娇滴滴的，经不起任何风吹雨打，当然也无法做到落落大方地对待他人。

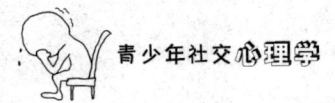

真正的精彩,是在现实世界里自由翱翔

社交退缩与网络交往的关系相对复杂,要一分为二地看待。首先,青少年是因为出现社交退缩行为,才会转而去网络上寻求交往。举例而言,有些人在社会交往中总是处于被动的状态,也无法受到他人的欢迎,为此他们就躲在冰冷的电脑屏幕后面,伪装自己,从而在网络交往中得到心理上的慰藉和情感上的满足。青少年是因为网络成瘾,总是沉迷于虚幻的网络世界中无法自拔,所以才会"与世隔绝",渐渐地就会导致人际关系恶劣,进入恶性循环。从这两个方面而言,社交退缩与网络交往、网络成瘾,并不是简单的线性关系,这就像是先有鸡还是先有蛋的命题一样,很难做出非黑即白的总结。除此之外,青少年的社交退缩现象与网络交往、网络成瘾之间,还牵扯到很多因素,如青少年的性格因素、心理和情绪状态、家庭环境的影响、网络环境的影响等,这些都会导致青少年游走于社会交往和网络世界的时候,做出各不相同的决定和举措。

到底是网络世界更加精彩,还是现实世界更吸引人呢?当青少年在网络世界和现实世界中做出抉择,他们的行为表现也会走向极端。尽管网络在现代社会的作用越来越大,但是一个人如果没有网络,还是可以生存的。反之,

第十三章 日益发达的网络与社交退缩之间的关系

一个人如果始终沉迷于网络，而忽略了对现实世界的关注，那么人生就会出现偏差。当然，也有研究者提出不同的意见，认为网络成瘾的青少年与非网络成瘾的青少年之间，在社交退缩的表现上并没有明显区别。在这里，我们对于这种观点不作评价，但是有一点可以肯定，那些从现实世界里得到心理和情绪满足的青少年，更能够避免出现网络成瘾和社交退缩。

正在读初中的阳阳沉迷于聊QQ。每天，他都会用手机和陌生人聊天很久，还因此而交了好几个好友呢！有一次，爸爸看到阳阳盯着手机聊得高兴，因而问阳阳："你在和谁聊天呢？这么高兴！"阳阳回答："网友啊，很酷吧！"爸爸很惊讶："你都有网友啦？不过我可告诉你，网络交友不安全，你为何不与你的同学、朋友交往呢？"阳阳不以为然："跟他们有什么好说的？我对他们完全没兴趣！"

后来，爸爸发现阳阳整天抱着手机看来看去，再加上阳阳的学习成绩出现较大幅度的波动，因而决定对阳阳展开干预。不想，阳阳每时每刻都在想着聊天的事，压根儿没有心思学习。爸爸意识到问题严重，开始有意识地鼓励阳阳参与社交活动，有一段时间他还卸载了阳阳手机上的聊天工具，只为了避免阳阳脱离现实生活。渐渐回归现实交往的阳阳，找到了更多的快乐，也越来越喜欢与身边的人相处，性格变得更加乐观开朗，生活中也充满了阳光。

在网络成瘾的现象中，不仅有网络游戏成瘾，也有网络关系成瘾。网络游戏成瘾，指的是青少年沉迷于网络游戏之中无法自拔；网络关系成瘾，顾名思义，指的是青少年沉迷在虚拟网络世界的关系里，总是过度使用聊

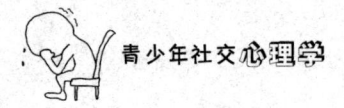

天室、论坛等，因而忽略了现实生活中的社会交往。不得不说，在现代社会，很多青少年在建立良好的人际关系方面都面临困境，包括相当一部分成年人在内，如果觉得一时之间没有志同道合的朋友，或者因为工作忙碌而没有足够的时间参加社交活动，他们就会情不自禁通过网络来满足交往需求。总而言之，青少年不管是利用网络逃避现实，还是因为沉迷于网络而出现社交退缩，父母都要引导孩子在成长的过程中更多地关注现实世界，也从现实的社会交往中得到更多有温度的快乐。作为青少年，也要意识到现实社会交往的重要性，积极主动地建立和发展人际关系，从而让人生变得更加充实快乐，得到情感的满足。

后 记

和儿童的社交行为表现相对简单相比，青少年的社交行为表现明显复杂得多，这是因为青少年正处于人生的关键时期，不但身心都处于发展的关键阶段，而且在心理、情绪情感方面，也都非常敏感。有人说青少年时期是短暂而又美好的，也有人说青少年时期是漫长且充满烦恼的，这无疑是仁者见仁、智者见智的。

对于每个人而言，青春期都是人生中一段宝贵的时光，也是人生中必不可少的桥梁，连接着童年和成年。在青春期之前，青少年还是孩童，在父母和长辈的呵护下无忧无虑地成长；在青春期之后，青少年步入成年，要独立支撑起人生的一片天空。

不管父母的怀抱多么温暖，也不管父母的爱多么深沉和绵长，青少年终究要长大，要离开父母的怀抱和庇护，独自面对生活，寻找属于自己的人生。人是群居动物，每个人都要在人群中生活，都要融入社会，成为社会的一员。社会交往不但关系到青少年的健康成长，还关系到青少年成人之后的人生状态，所以青少年要学会经营人际关系，并建立良好的社会交往。当然，每个人最先接触的都是父母。作为父母，要与青少年建立良好的亲子关系，给予青少年积极的影响，这样青少年才会更擅长社会交往，也对建立良好的人际关系充满信心。

总而言之，青少年的社交行为表现绝非简单的一种状态，而是关系到青少年的心态和情感，也折射出青少年的家庭成长环境、亲子关系状态等多方面的情况。海阔凭鱼跃、天高任鸟飞，青少年未来的人生是美好的、值得期待的，青少年对于人生的一切渴望也都可以借助社交行为表现得以实现。青春不迷惘，有陪伴的青少年才能身心健康、幸福快乐地成长！